A SHORT HISTORY
OF
CHINESE PHILOSOPHY

A SHORT HISTORY OF
CHINESE PHILOSOPHY

超图解
中国哲学简史

王宇琨　董志道／编著

天津出版传媒集团

天津人民出版社

图书在版编目（CIP）数据

超图解中国哲学简史 / 王宇琨 , 董志道编著 . -- 天
津 : 天津人民出版社 , 2019.8（2023.4 重印）

ISBN 978-7-201-14919-6

Ⅰ.①超⋯ Ⅱ.①王⋯②董⋯ Ⅲ.①哲学史－中国
－通俗读物 Ⅳ.① B2-49

中国版本图书馆 CIP 数据核字（2019）第 147662 号

超图解中国哲学简史

CHAOTUJIE ZHONGGUO ZHEXUE JIANSHI

王宇琨 董志道 编著

出　　版　天津人民出版社
出 版 人　刘　庆
地　　址　天津市和平区西康路 35 号康岳大厦
邮政编码　300051
邮购电话　（022）23332469
电子信箱　reader@tjrmcbs.com

责任编辑　玮丽斯
监　　制　黄　利　万　夏
特约编辑　高　翔　贾辅榕
营销支持　曹莉丽

制版印刷　艺堂印刷（天津）有限公司
经　　销　新华书店
开　　本　787 毫米 ×1092 毫米　1/16
印　　张　16
字　　数　116 千字
版次印次　2019 年 8 月第 1 版　2023 年 4 月第 3 次印刷
定　　价　59.90 元

生于忧患的中国智慧

　　冯友兰先生在其《中国哲学简史·自序》一文中这样写道:"小史者,非徒巨著之节略、姓名、学派之清单也。譬如画图,小景之中,形神自足。非全史在胸,曷克臻此。唯其如是,读其书者,乃觉择焉虽精而语焉犹详也。"在相当的程度上,《超图解中国哲学简史》这本书恰如冯先生所说之"图画",能在"小景"之中展现中国哲学的概况与风貌,于中国四千多年的哲学发展进程中,择其精者,详而述之。

　　与西方哲学诞生于好奇与悠闲不同,中国哲学自诞生之初就具有十分浓厚的现实色彩。如果说西方哲学的传统是以旁观者的角度去认知世界,使变化的世界以知识的形式确定下来,那么中国哲学的传统就是以践行者的身份参与到世界的发展演变之中,以一种异常强烈的忧患意识谋求人与世界的和谐关系。

竹林七贤

　　可以说，忧患意识是中国哲学浓郁难化的底色，它贯穿中国哲学发展之始终。从武王革命，周公确立以德配天、敬德保民的思想开始，中国哲人就对天人关系有了强烈的关注。春秋战国时期，诸子迭起、百家争鸣，哲学家们反思的主题也几乎都是如何能使世道人心从战乱与不安中恢复到安靖平和。秦王朝与汉王朝为中国带来的大一统，其在哲学上的表现便是董仲舒的天人感应之说。然而时运难测，东汉末年起义争伐不断，三国鼎立，两晋纷乱，于是名士清谈玄学之风兴起。正值此时佛教传入，其精妙哲思与涅槃之乐迅速为人们接受。经过隋唐两代的发展，佛教哲学已然在中国开花结果，为中国哲学注入了新的力量，并推动了宋明理学与心学的诞生。随着世界历史进程步入近代，中西之间的差距越发明显，中国濒临亡国灭种之境，有识之士于是欲从思想与精神上来改造中国四千多年来根深蒂固的哲学传统，这便推动了中国哲学的近代转向与变革。

从群星璀璨的先秦诸子，到继承与批判共存的汉代儒学；从才性绽放的玄学佛学，到理心交融的宋明理学；从由批判理学而来的明清哲学，到谋求救国之路的近代思想——中国哲学四千年的历史发展在本书中，以超图解的形式得以呈现。本书广采众家之说，在冯友兰传世经典《中国哲学简史》基础上，出入胡适、牟宗三、张岱年等近代大家之论著，同时参考当代学术界的主流观点，以保证本书内容的准确性与专业性。本书精选四十余位在中国哲学史中具有重要影响的哲学家以及一百多个哲学命题，将线性的文字推展开来，以近两百幅思维导图与图表对先贤的哲思进行总结与呈现，将抽象复杂的哲学思想具象化、系统化，让读者能够轻松而精准地把握中国哲学发展的历史脉络。《超图解中国哲学简史》不仅会带你进入中国哲学的玄妙天地，更将带你领略中国哲学四千年来一脉相承的哲学精神。

本节主标题
本节所要探讨的
主题

小标题
明确揭示正文中
04 每一段文字的思
想内容。

正文
通俗易懂的文
字，让读者轻松
阅读。

第一章
塑造中国哲学的原始观念

对古代中国人来说，什么是至高无上的

商周之际至上观念的转变

天，颠也，至高无上。

——《说文解字》

■ 商朝的"帝"信仰

在商朝，人们的宗教信仰仍然具有很强的自然特征，众多的自然事物或现象被当成神灵崇拜，这些神灵共同构成了殷人的信仰系统。在众多的神灵之中，有一位神灵的地位最高，这位神灵就是殷人的至上神——帝，也称"上帝"。帝在天上有自己的"帝廷"，他无所不能，既统领着诸多天神与地祇，还掌管着人鬼——先祖与功臣的亡灵。殷王是唯一能与上帝沟通的人，并可以在死后"宾于帝"，也就是成为帝廷的宾客。

■ 周人对至上观念的改革

对于殷人来说，帝及其所统领的天神、地祇控制着自然万象，而先祖与功臣的亡灵则会给予后人以福佑，因此想要求得风调雨顺与国泰民安，便只能用祭祀这一种方式。当大量的人力物力，乃至人的生命都要牺牲时，相较于残忍的祭祀，人们更期待一种更加理性而人道的宗教的出现。商朝末年，伴随着岐山之下周国的崛起，一种新的宗教观念逐渐形成，这就是"天"。与殷人反复无常的人格化的帝相比，周人的天更加抽象，能够涵盖世间万事万物，在暗中以某种规律操控自然与社会的发展变化，同时与人的关系也更加紧密，并具有了明显的道德属性。随着武王伐纣的成功，天也慢慢取代帝，成为人们新的至上神，并在后来演变为中国哲学中最为重要的一个哲学概念。

012

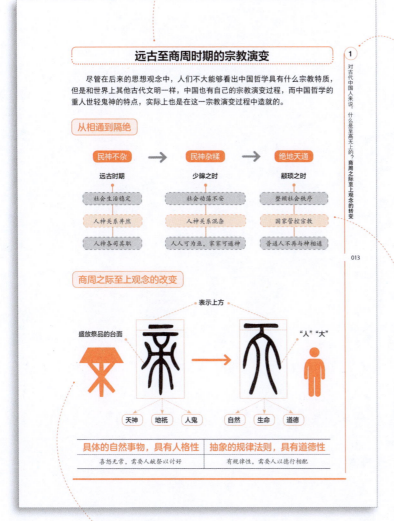

远古至商周时期的宗教演变

尽管在后来的思想观念中，人们不大能够看出中国哲学具有什么宗教特质，但是和世界上其他古代文明一样，中国也有自己的宗教演变过程，而中国哲学的重人世轻鬼神的特点，实际上也是在这一宗教演变过程中造就的。

从相通到隔绝

民神不杂	→	民神杂糅	→	绝地天通
远古时期		**少皞之时**		**颛顼之时**
社会生活稳定		社会动荡不安		整顿社会秩序
人神关系井然		人神关系混杂		国家管控宗教
人神各司其职		人人可为巫，家家可通神		普通人不再与神相通

商周之际至上观念的改变

表示上方

盛放祭品的台面

"人""大"

| 天神 | 地祇 | 人鬼 | | 自然 | 生命 | 道德 |

具体的自然事物，具有人格性	抽象的规律法则，具有道德性
喜怒无常，需要人献祭以讨好	有规律性，需要人以德行相配

对古代中国人来说，什么是至高无上的？商周之际至上观念的转变

013

 **目录** CONTENTS

第二部分

从继承到批判:秦汉时期的哲学思想

▶ 第一章　董仲舒的"独尊儒术"

▶ 第二章　扬雄、桓谭与王充的哲学思想

第三部分

才性的绽放：魏晋至隋唐时期的哲学思想

第四部分
理与心：宋明时期的哲学思想

▶ 第一章 理学的酝酿与大成

▶ **第二章　陆王心学**

自成一格的中国哲学

中国智慧可以被称为"哲学"吗

关于中国哲学"合法性"的讨论

究天人之际，通古今之变，成一家之言。

——《汉书·司马迁传》

📖 "哲学"一词的由来

用"哲学"这两个汉字来翻译英语中的"philosophy"一词，并不是中国人的创造。大约在 19 世纪 70 年代，日本学者西周引用宋儒周敦颐的"士希贤"的意思，以"希贤学""希哲学"的汉字组合最早将"philosophy"中"爱智慧"的意思表达出来。在西周看来，"philosophy"是"希求贤哲之智之学"，所以应"将论明天道人道，兼立教法的'philosophy'译名为'哲学'"。

📖 早期思想家对"哲学"一词的认识

在清人黄遵宪将该词引入中国之后，中国始有"哲学"这一概念。清末至"民国"时期的一些思想家，如王国维、梁启超、章炳麟等人在使用"哲学"一词时，对该词的意义与所指都有很清晰的认识。他们都承认哲学是中国固有之学，认为中国在科学方面确实不及西方，但是在哲学方面是不能甘居人下的。同时，这些思想家也指出了中国哲学思想的特殊性所在，即相较于西方哲学重思维、重认识，中国哲学更重行为、重实践。

📖 "哲学"的定义是什么

直至今日，关于中国是否有哲学，以及中国哲学是否具有"合法性"的讨论在学术界仍在继续着，而讨论的焦点就在"哲学"的定义究竟为何上。"哲学"作为一个外来概念，以其诞生地的西方哲学体系作为参考标准是无可厚非的，但是这种标准是否是唯一的，则需要商榷。回归到"philosophy"最初的内涵与西周以"哲学"翻译"philosophy"的用意，我们可以看到：正是因为中国哲人对智慧的热爱，才使展现智慧的思想之产生、传承与发展成为可能；这些哲思经历了数千年的时间，最终造就了中华文明与中国人的精神特质。

不同的声音

被誉为"欧洲的良心"的伏尔泰对中国的儒家政治哲学推崇备至，但黑格尔却称孔子的思想只是一些很普通的道德劝解，并没有什么高明之处。

"哲学"与"思想"

> 孔子的儒家哲学非常了不起！

> 孔子的思想不过是一些普通的劝解。

伏尔泰

黑格尔

> 中国没有哲学，只有思想。

> 西方的哲学是一种特定的时间与环境的产物，它的源头在希腊。

> 西方哲学是以逻各斯为中心的。

德里达

德里达是当代法国著名哲学家，他强调所谓"哲学"不是一个抽象概念，是西方历史的一个具体产物。他认为中国人对于智慧的追求虽然不宜用"哲学"冠名，但中国"思想"的意义与价值丝毫不低于西方"哲学"。

因为"爱智"，所以"哲学"

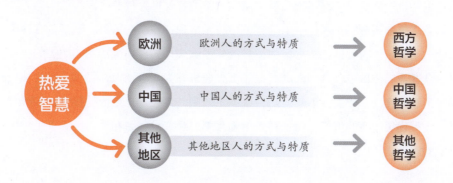

为什么中国哲学比西方哲学更接地气

中国哲学产生的背景

遂古之初，谁传道之？上下未形，何由考之？

——《楚辞·天问》

■ 一方水土养一方哲学

与古希腊文明所处的开放式的海洋分散型地理结构不同，古代中国文明所处的地理环境具有典型的内陆整体型特征。北方有西伯利亚的苦寒之地，西方有天山山脉和青藏高原，东方与南方则是广袤的太平洋，这样的地理环境使得古代中国基本处于一种与世界其他文明相互隔离的封闭状态。就是在这样封闭的地理环境中，中国哲学发展出了自己独特的形态。

奠定中国哲学独特形态的首先是古代中国依其地理环境而发展出的农耕经济。耕作生产是一种人与土地的互动过程：人通过观察与总结自然规律进行耕作，土地则在人的精心照料下生产出人所需要的粮食作物。中国人在这种互动中所收获的经验在三个方面为中国哲学的产生与发展带来了深远的影响：第一，人具有相对的独立性、自主性与能动性；第二，人既是自然的一部分，便需要尊重并爱护自己与自然的和谐共生关系；第三，人应学习并顺从自然的法则与规律，行为实践中的过与不及对人与自然双方都会造成不好的后果。

■ 古代传说中的实用主义

尚未创造出哲学概念的先民仍然可以用其他方式来表达自己对世界与自身的抽象思考，于是我们就有了神话与传说。与重视解释世界现象、诸神的个性与关系的古希腊神话不同，古代中国的传说中较少出现"神"的形象，除了盘古开天辟地与女娲抟土造人外，在古籍中记载的传说大多是与现实生活密切相关的。如在三皇五帝的传说中，这些人之所以能被人们称颂为"皇""帝"，只是因为他们或发明取火之法，或发现治病之药，或制定仪则，或为政以德。这些传说轻视神秘、注重现实生活的价值取向也融入中国哲学思想之中，并在方向上确立了中国哲学的演进路径。

关注现实的中国哲学

关注现实的社会生活与生命状态可以说是中国哲学自原初时期就有的一种独特气质，这种气质是多方面因素所共同塑造的，其中既有先天的地理环境，也有后天的生产生活与思维方式。

从环境到人文

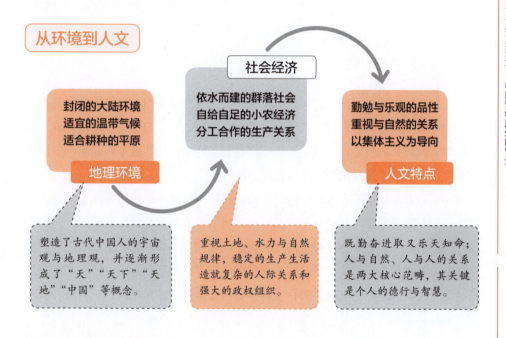

社会经济

封闭的大陆环境
适宜的温带气候
适合耕种的平原

地理环境

依水而建的群落社会
自给自足的小农经济
分工合作的生产关系

勤勉与乐观的品性
重视与自然的关系
以集体主义为导向

人文特点

塑造了古代中国人的宇宙观与地理观，并逐渐形成了"天""天下""天地""中国"等概念。

重视土地、水力与自然规律，稳定的生产生活造就复杂的人际关系和强大的政权组织。

既勤奋进取又乐天知命；人与自然、人与人的关系是两大核心范畴，其关键是个人的德行与智慧。

传说的现实向度

黄帝
发明舟车

嫘祖
发明缫丝之法

仓颉
创造文字

神农氏
辨百草、兴农耕

有巢氏
构木为巢

中国哲学的独特魅力在哪

中国哲学的特质

作《易》者，其有忧患乎？

——《易传·系辞下》

📖 知与行

与西方哲学的源头——古希腊哲学最早讨论世界的本原和美德的准确的、客观的知识性定义不同，中国古代哲学一方面不太重视对"物质世界如何形成"这一问题的探讨，另一方面在关于"人应该具有怎样的德行"这个问题上，中国的先哲们也不喜欢以标准化的定义形式做出回答。

中国哲人所采用的方式是认为世界或自然的本质或本原就蕴藏在个体的内在之中，而对这种主体本质的认知不是要通过思辨形成具有普遍性的知识，而是要通过实践转化为关于个体生命境界的体悟。这也就意味着，相较于西方哲学的重客体、重知识，中国哲学更重主体、重实践，而"实践"在哲学中所指的就是道德行为，因此我们说，与西方哲学重客体性与知识性相较，中国哲学的特质在于重主体性和道德性。

📖 忧患意识

为什么与西方哲学相较，中国哲学的特质在于主体性与道德性？这与中国人自古以来形成的意识与思维有十分密切的关系。就如同古希腊哲人亚里士多德称哲学之所以诞生乃是出自古希腊哲人的闲暇、自由与好奇，中国哲学之所以诞生乃是因为中国古人的忧患意识。古代中国对农耕经济的依赖，致使古人需严格地遵循自然规律辛勤耕作，同时辅以共同劳作之人关系间的和睦，如此才能换来好的收成，否则便会饥馑临身，这是古人忧患意识的最初形态。这种忧患意识在古代先哲的思考中逐渐转化为一种欲使天地万物各得其化育的道德情感；面对流行而不变的天道，先哲们明白只有在自身上下功夫，以自己的德行配合天道，参与到万物的化育之中，才能使生命臻至圆满，万物各得其所。这种由忧患意识发展出来的道德情感与自我认知，让中国哲学走上了一条与众不同的发展道路。

哲学上的中西之别

人能认识什么？人应当做什么？但凡可称为"哲学"的思想都不可避免地要回答这两个问题，而对这两个问题的不同回答，也就构成哲学思想与哲学形态的差异性与丰富性。

知识与实践

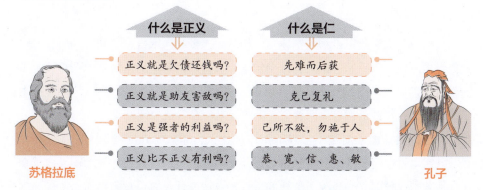

苏格拉底

孔子

什么是正义
- 正义就是欠债还钱吗？
- 正义就是助友害敌吗？
- 正义是强者的利益吗？
- 正义比不正义有利吗？

什么是仁
- 先难而后获
- 克己复礼
- 己所不欲，勿施于人
- 恭、宽、信、惠、敏

从苏格拉底与他人辩论"什么是正义"和孔子对学生问"仁"的回答中，我们可以看到：古希腊 - 西方哲学的旨趣在于对客体进行知识推演，而中国哲学的旨趣在于让主体进行道德实践。

好奇与忧患

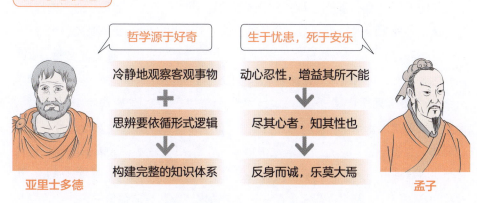

亚里士多德

孟子

哲学源于好奇
- 冷静地观察客观事物
- ＋
- 思辨要依循形式逻辑
- 构建完整的知识体系

生于忧患，死于安乐
- 动心忍性，增益其所不能
- 尽其心者，知其性也
- 反身而诚，乐莫大焉

相较于西方哲学的知识体系或学科形态，中国哲学更多地表现为一种提升人格与生命境界的功夫次第。或者说对象同样是真理，西方哲学呈现真理的方式是表述，而中国哲学呈现真理的方式是体悟。

什么是中国哲学的核心主题
人与天地万物的关系

天向一中分体用，人于心上起经纶。天人焉有两般义，道不虚行只在人。

——《观易吟》

📖 人的本原是什么

当我们在哲学史中提到"本原"一词时，大多数人或许会想到我们所在的这个世界是由什么构成的。正是从这个角度，古希腊最早的一批哲学家们首先思考的就是"世界的本原是什么"这个问题。然而，人既然在世界之中，"世界的本原是什么"的答案是否也能回答"人的本原是什么"这个问题呢？

不过既然已经弄清楚了世界的本原是什么，那么要弄清楚"人的本原是什么"其实也就很简单了，只要回答这样几个问题就可以：人与世界的同异之处在什么地方？这种同与异表现了怎样的属性？这些属性是否可被归结为一个最终的根源？对于这些问题，尽管中国的先哲们给出的回答不尽相同，但回到人的本原这个问题上，他们大多都用了同样的字眼——"天"。

📖 性命同出于天

如何论证人的本原是"天"？中国哲学走了两条路，一条是"命"的理路，另一条是"性"的理路。所谓"命"的理路，是从生命的角度来谈人生的本原："天"生养万物，人的生命自然也来源于"天"；"天"使万物有荣衰之变，也让人有生老病死，人的生命规律便是"天"的法则的体现。如此，在"命"的理路上，"天"便有两重含义——生命之"天"与规律之"天"。所谓"性"的理路，是从道德的角度来谈人性的本原："天"化育生命，使万物各得其所，虽有荣衰之变却又生生不息，这是"天"之大德；"天"在将生命塑造成人的同时，也通过生命将这种道德赋予人，所以人的道德在本质上就是"天"的道德。如此，在"性"的理路上，"天"也有两重含义——生命之"天"与道德之"天"。"天"是生命、规律与道德的统一，而人生在世的一切都是人与天的关系的展开，正是在这一点上，对天人关系的讨论成了中国哲学的核心所在。

中国哲学中的天人理论

之所以说天人关系是中国哲学的核心，是因为中国哲学中的诸多问题都是与人直接相关的，既然与人相关，那就不得不讨论人的诸多属性，并为这些属性找到根源。这个根源就是"天"，而天从某种角度可以理解为包括人事在内的自然的整体。

两条理路

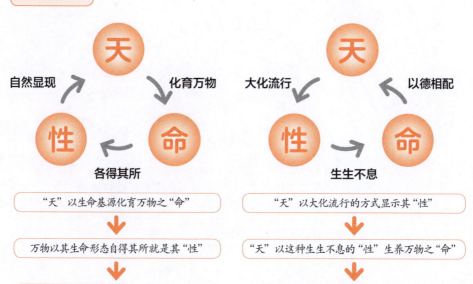

"天"以生命基源化育万物之"命"	"天"以大化流行的方式显示其"性"
万物以其生命形态自得其所就是其"性"	"天"以这种生生不息的"性"生养万物之"命"
万物依"性"自然显现作为其本原的"天"	承载如此"性""命"的万物以德行相配于"天"

人的位置

虽然天化生万物，将生命基源、自然规律与道德法则化蕴于万物之中，但也不是所有的事物都能够完全地体认到这些。只有人能够体认、反思并自觉地参与到天的化育之中，因而人是世间万物中最为宝贵的。因此，相较于其他事物，人与天的关系是最为紧密的。

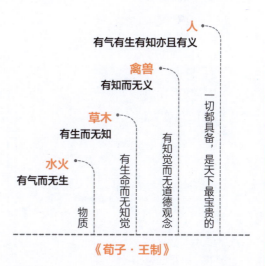

《荀子·王制》

第一部分

群星璀璨：
先秦时期的诸子百家

第一章
塑造中国哲学的原始观念

对古代中国人来说，什么是至高无上的
商周之际至上观念的转变

> 天，颠也，至高无上。
>
> ——《说文解字》

📖 商朝的"帝"信仰

在商朝，人们的宗教信仰仍然具有很强的自然特征，众多的自然事物或现象被当成神灵崇拜，这些神灵共同构成了殷人的信仰系统。在众多的神灵之中，有一位神灵的地位最高，这位神灵就是殷人的至上神——帝，也称"上帝"。帝在天上有自己的"帝廷"，他无所不能，既统领着诸多天神与地祇，还掌管着人鬼——先祖与功臣的亡灵。殷王是唯一能与上帝沟通的人，并可以在死后"宾于帝"，也就是成为帝廷的宾客。

📖 周人对至上观念的改革

对于殷人来说，帝及其所统领的天神、地祇控制着自然万象，而先祖与功臣的亡灵则会给予后人以福佑，因此想要求得风调雨顺与国泰民安，便只能用祭祀这一种方式。当大量的人力物力，乃至人的生命都要牺牲时，相较于残忍的祭祀，人们更期待一种更加理性而人道的宗教的出现。商朝末年，伴随着岐山之下周国的崛起，一种新的宗教观念逐渐形成，这就是"天"。与殷人反复无常的人格化的帝相比，周人的天更加抽象，能够涵盖世间万事万物，在暗中以某种规律操控自然与社会的发展变化，同时与人的关系也更加紧密，并具有了明显的道德属性。随着武王伐纣的成功，天也慢慢取代帝，成为人们新的至上神，并在后来演变为中国哲学中最为重要的一个哲学概念。

远古至商周时期的宗教演变

　　尽管在后来的思想观念中，人们不大能够看出中国哲学具有什么宗教特质，但是和世界上其他古代文明一样，中国也有自己的宗教演变过程，而中国哲学的重人世轻鬼神的特点，实际上也是在这一宗教演变过程中造就的。

从相通到隔绝

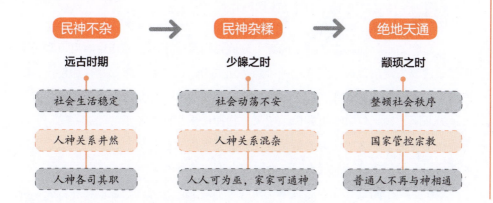

民神不杂	民神杂糅	绝地天通
远古时期	少皞之时	颛顼之时
社会生活稳定	社会动荡不安	整顿社会秩序
人神关系井然	人神关系混杂	国家管控宗教
人神各司其职	人人可为巫，家家可通神	普通人不再与神相通

商周之际至上观念的改变

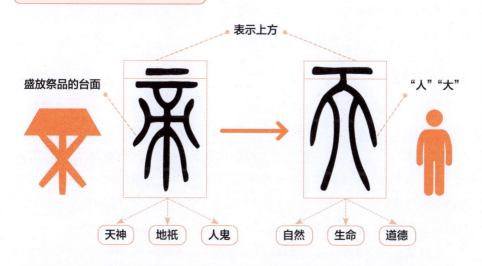

表示上方

盛放祭品的台面　→　"人""大"

| 天神 | 地祇 | 人鬼 | 自然 | 生命 | 道德 |

具体的自然事物，具有人格性	抽象的规律法则，具有道德性
喜怒无常，需要人献祭以讨好	有规律性，需要人以德行相配

最有权力的人要听谁的话
商周之际政治思想的转变

> 皇天无亲，惟德是辅。民心无常，惟惠之怀。
>
> ——《尚书·蔡仲之命》

从宾客到嫡长子

在商朝的宗教信仰中，商王的无上权威是由帝赋予的，其在世时可以利用帝所赋予的权力统治万民，其死后则可到帝廷成为帝的宾客。按照这样的设定，既然商王受到帝如此的眷顾，那么其统治应该是安稳无恙才是，然而到头来却被一个地处西隅、领土仅数十里的周国所灭。这便产生了两个严重的问题：第一，因为商被周所灭，那么护佑商的帝是否还具有无上的权能？第二，以小灭大，以臣弑君的周人如何对自己的行为与权力做出合理的解释？

对于这两个问题，周人通过建立新的至上观念——天来予以回应。首先，周人认为天生万物，殷人也好周人也罢都是天的孩子，而王则是天的嫡长子；同时，王若不顺应天道，那么天就会革除王的嫡长子身份，改立他人为嫡长子。在周人看来，因为纣王昏庸无道，所以天将嫡长子的身份传给了武王，武王伐纣的成功与周王朝的建立也就是顺理成章之事了。

敬德保民

既然纣王与武王的区别在于是否顺应天意，那么所谓的天意又是什么呢？在《尚书·泰誓》中，对于这一问题有比较明确的回答。文中称天地是万物的父母，万物之中人为最灵，人中最聪明者就可以做君王，而君王的真意是做百姓的父母。简单来说就是天指派君王来照顾养育百姓。同时，天还会通过百姓的视听来判断君王是否合格。若合格，天会继续护佑君王；若不合格，天就会革去君王的身份，再立其他人做君王来照顾百姓。

天的意志是使百姓怀惠，而百姓的心意是向往好的生活，天意与民心始终是一致的。一个人之所以能成为君王，就是因为他可以上承天意、下顺民心，而这就是"德"。这就是中国民本思想的滥觞，也奠定了后来中国政治哲学的方向。

王道思想的雏形

"皇天无亲，惟德是辅。民心无常，惟惠之怀。"这十六个字虽然简单，但其中所包含的思想却很深刻。这个命题不仅确立了周朝及其以后的民本思想与以德治国的执政理念，同时也为后来中国儒家哲学"内圣外王"的思想奠定了基础。

天意即民心

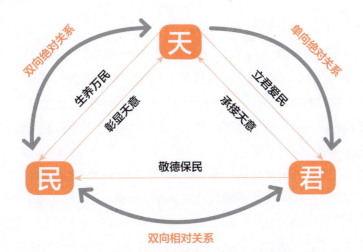

在周人看来，天与民之间是一种相互的绝对关系，但是天与君、君与民之间则不是：天有权力确定一个人能不能成为君主，其标准就是能否做到敬德保民；若能做到，则天与民认可此人为君，若做不到则不能为君。

君王之道

周公姬旦

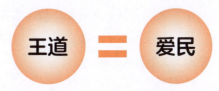

明德修身：以身作则，做百姓的道德楷模

明德慎罚：慎用刑罚，要以礼乐教化为主

敬德保民：民为邦本，要让百姓安居乐业

王道 ＝ 爱民

如何让复杂的世界简单化
阴阳与五行

故先王以土与金、木、水、火杂，以成百物。

——《国语·郑语》

📖 解释变化的两种气

人们在谈到"阴阳"一词时，可能首先会想到的就是太极，进一步地还可能会想到八卦与六十四卦中的阴爻与阳爻。实际上，太极也好，阴爻与阳爻也好，都是稍晚的战国时期的概念，并不见于西周至春秋时期的文献之中。不过这也并不意味着战国之前没有阴与阳的概念，相反，此前的思想家们已经能很自然地用这对概念来解释世间万象了。

农业生产离不开天文气象，通过对时令更替与气候变化的观察，周人用两种具有不同属性的气来对他们观察到的现象进行解释，这两种气就是阴气与阳气。阴气与阳气之间的属性是对立而互补的，阴气较为沉滞，其运动方向是向下，而阳气较为清健，其运动方向是向上。阴阳二气彼此协调就会风调雨顺，反之则会造成自然灾害。

📖 在生产中总结出的五种重要事物

据《尚书·洪范》记载，武王伐纣成功之后曾向箕子请教治国之道，箕子在其回答中就提到了五行：一曰水，二曰火，三曰木，四曰金，五曰土。箕子还对五行各自的特性做了说明：水曰润下（湿润向下），火曰炎上（炎热向上），木曰曲直（曲直变化），金曰从革（改变形状），土爰稼穑（生长作物）。

虽然据学者考证，《洪范》或应成文于战国时期，不足以说明周朝初期乃至更早之前便有五行的观念，但是或许正是因为这一概念的晚出，我们才能在其中看到一些独特的东西：一方面，五行概念形成之初并不具有世界本原的内涵，而只是生产生活中最重要的五种事物，这与古希腊哲学家恩培多克勒的"四根说"很不相同；另一方面，相较于物质本身，物质的属性是更重要的，而属性之所以重要，乃是因为其能被人们利用。

抽象思维源于生活

抽象思维及其所创造的概念总是来源于现实生活，同时也是对现实生活的一种描述与解释。人们在生活之中体验、观察、思考、解释生活中的方方面面，同时用它们更好地指导人们未来的生活，这也是哲学价值的一个侧面。

用阴阳二气解释地震

阳气清健在上

天地之气
不失其序

阴气沉滞在下

阴气沉滞在上

阳伏而不能出
阴迫而不能蒸
于是有地震

阳气清健在下

据《国语·周语》记载，西周末年，泾、渭、洛三川地震，周大夫伯阳父以阴阳二气的理论对地震的成因做出说明。他认为阴阳二气不失其序，则可以国泰民安，若阴阳二气上下颠倒，则被阴气镇压在下面的阳气就会因其动性而引发地震。

"和"与"同"

《国语·郑语》中另记载了史伯对桓公的一次对答。在对答中，史伯提出了"和实生物，同则不继"的观点，即事物的产生不能靠单一的某种元素，而必须是多种元素共同构成。所以"先王以土与金、木、水、火杂，以成百物"。

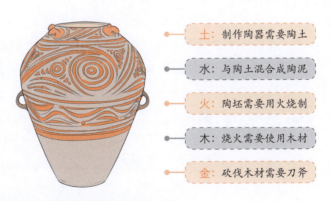

土：制作陶器需要陶土

水：与陶土混合成陶泥

火：陶坯需要用火烧制

木：烧火需要使用木材

金：砍伐木材需要刀斧

以制陶为例，单凭陶土是制不成陶的，只有与其他四种事物相"和"，才能制出陶器。

占卜还能占出哲学来

《易经》中的世界图景

> 易有太极，是生两仪，两仪生四象，四象生八卦，八卦定吉凶，吉凶生大业。
>
> ——《易传·系辞上》

从八卦到六十四卦

依据《史记·太史公自序》的说法，易之八卦最早是由上古圣王伏羲创造的，而后到了商末，西伯侯姬昌被拘困羑里而将八卦推演为六十四卦。这种说法应只是一种传说，并没有具体的根据，但有两点大致上可以确定：第一，从八卦到六十四卦，用卦爻描述的对象逐渐从自然事物转向社会生活；第二，由于《国语》等史书中已经有了对《易经》卦辞、爻辞的记录，再加上《易经》的卦辞、爻辞对西周时期的历史事件多有记录，所以其成书的年代或应在西周晚期。

爻是最基础的构成符号，它有"—"和"--"两种形式，分别与数字九和六相对应；三个爻组合构成一个卦，共有八种组合方式，故成八卦；八卦两两相叠，共有六十四种组合方式，故成六十四卦。从整体来讲，卦有卦辞，从构成来讲，构成一卦的每一爻也都有爻辞。《易经》便是对这些卦辞与爻辞的整理记录。

卦与爻的世界

与殷人的龟卜相比，《易经》的占卜方法更具有系统性和灵活性，其中含有对事物发展规律的描述和丰富的道德思想。孔子就非常喜欢研读《易经》，甚至到了"韦编三绝"的程度。子贡问孔子："夫子也相信占卜之事吗？"孔子回答说："我读《易经》关注的并不是其中的占卜之事，而是其中蕴含的德义思想。"

《易经》中的世界是一个自然与社会相统一的世界。通过对卦与爻的排列与阐述，《易经》呈现出一种生生不息的世界图景。以《易经》的首末四卦为例：首两卦为乾、坤，末两卦为既济、未济，乾卦阐述了事物发展变化的一般规律，坤卦则表现出一种随顺性，即跟随乾卦中的规律一同创生发展；到了既济卦时，这种创生与发展呈现出阶段性的完成状态，至最后未济卦时，世界的发展变化又进入了新的阶段。《易经》所展现的世界是一个永不停息的、创生发展的世界。

符号化的世界

对抽象符号的使用水平在一定程度上能够反映出一种文化所能达到的理论与思维高度。《易经》之所以至今仍然具有吸引人们不断去研究的魅力，就是因为它构建了一个独属于中华文明的符号化的世界。

本原	太极							
两仪	阳				阴			
四象	太阳		少阴		少阳		太阴	
八卦	乾	兑	离	震	巽	坎	艮	坤
象征	天	泽	火	雷	风	水	山	地
动物	马	羊	雉	龙	鸡	豕	狗	牛
人物	父	少女	中女	长男	长女	中男	少男	母
性情	健	悦	丽	动	入	陷	止	顺
肢体	头	口	目	足	股	耳	手	腹
脏器	脑	肺	胆	心	肝	肾	胃	脾
五行	金	金	火	木	木	水	土	土
先天方位	南	东南	东	东北	西南	西	西北	北
后天方位	西北	西	南	东	东南	北	东北	西南
二进制	111	110	101	100	011	010	001	000

第二章
儒家学派

春秋战国为什么那么乱
孔子的"正名"思想

> 子路曰："卫君待子而为政，子将奚先？"子曰："必也正名乎！"
>
> ——《论语·子路》

📖 "名不正"的时代

春秋时代，维系周王朝稳定的礼乐制度随着各大诸侯国的崛起而遭到僭越或丢弃。王道没落，霸主相争，这就是孔子所处的时代环境，而"礼崩乐坏"就是孔子所面对的社会现实。

正当卫灵公去世，其子蒯聩与其孙辄为争君位而兴兵时，孔子的弟子子路问孔子，如果让夫子去卫国理政，夫子要先做什么。孔子的回答很简单：正名。所谓"名"就是指个人的身份以及与该身份相应的权利与义务，"正名"即使"名""正"。也就是说，如果让孔子去治理卫国，孔子首先要做的就是让卫国自君臣至平民按照周礼的制度各归其位，只做与自己身份相符合的事情。这样，卫国自然能从混乱的局势之中脱离出来，恢复秩序与和平。

📖 为什么要"正名"

在孔子看来，一个人如果不能给自己的身份做好定位，那么这个人的言行就不会有标准与法度可依，于是引导其行为的只能是个人私利。在蒯聩与辄的君位之争中就可看出，二人并没有以与自己的身份相称的标准约束和要求自己，这即是孔子所说的"名不正则言不顺，言不顺则事不成"，两人之争完全是利益之争。二人逐利便可引发混乱，那么一国之人都竞相逐利，又会造成怎样的后果呢？要避免这种结果，就要明确自己的身份与权利义务，这便是"正名"的深意所在。

义与利

孔子"正名"思想的哲学内核是对义利关系的讨论。在中国人的一般印象中，义与利似乎总是冲突的，这诚然与后来儒家礼教思想的极端化有关，然而在人们的一般印象背后，我们还需要进一步了解孔子究竟是如何看待义与利的。

孔子的义利观

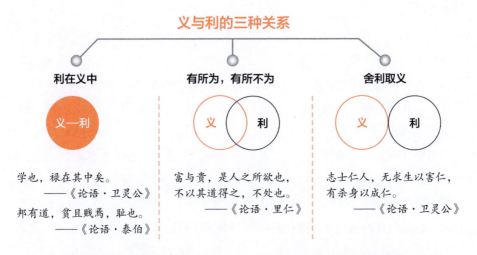

义与利的三种关系

利在义中

义—利

学也，禄在其中矣。
——《论语·卫灵公》
邦有道，贫且贱焉，耻也。
——《论语·泰伯》

有所为，有所不为

义 利

富与贵，是人之所欲也，不以其道得之，不处也。
——《论语·里仁》

舍利取义

义 利

志士仁人，无求生以害仁，有杀身以成仁。
——《论语·卫灵公》

利的外移本质上是以"道""名""仁""义"为基准的个人欲望的偏离。

义与利的平衡与统一

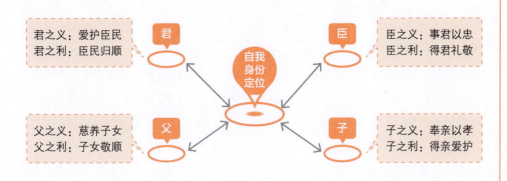

君之义：爱护臣民
君之利：臣民归顺

君

自我身份定位

臣

臣之义：事君以忠
臣之利：得君礼敬

父之义：慈养子女
父之利：子女敬顺

父

子

子之义：奉亲以孝
子之利：得亲爱护

你能做些什么证明自己是个好人
孔子谈仁与礼

> 克己复礼为仁。一日克己复礼，天下归仁焉。
>
> ——《论语·颜渊》

■ 由己及人

关于仁的讨论是孔子以及后来儒家哲学思想中的一个核心点。在《论语》中，孔子的弟子经常向他请教什么是仁，而孔子对每一个弟子的回答都不一样，甚至对于同一个弟子的多次提问，孔子的回答也每次都不同。如樊迟曾三次向孔子问仁，孔子的第一次回答是"先难而后获"，第二次回答是"爱人"，第三次回答是"居处恭，执事敬，与人忠"。

尽管孔子关于仁的阐述每一次都不尽相同，但在这些不同的答案中，我们仍能找到一些共性的东西，而这些就是孔子仁学思想的特质所在。首先，对于仁的认知不是概念性的，而是实践性的，孔子对所有问仁的回答都直接指向应如何做。其次，仁是内在美德与外在德行的统一，即必须通过行为才能显现。最后，践行仁的方法总是由自己指向他人，即孔子所说的"己欲立而立人，己欲达而达人"。

■ 由仁而礼

崇尚礼乐制度的孔子并不是盲目地想让各国回到周礼的体制中，在周游列国时，孔子也发现了各国诸侯并非不懂礼乐，而是不行或僭越，这让孔子开始对礼进行反思。他问道："礼云礼云，玉帛云乎哉？乐云乐云，钟鼓云乎哉？"可见，礼乐的本质并不在其使用的礼器或演奏的音乐上。经过一番思考，孔子最终发现，只有以仁为内在的道德基础，礼乐才是有意义的。

"人而不仁，如礼何？人而不仁，如乐何？"孔子的这一问直接道出了仁与礼乐的关系：人如果没有仁德，那么礼乐是没有什么作用和意义的。不过这也并不是说必须先有仁，而后才有礼乐，因为在孔子看来，礼乐乃是仁的外显，践行礼乐本质上就是仁的体现。孔子在回答颜渊问仁时所说的"克己复礼为仁"，要表达的就是这个意思。

仁与礼的关系

仁与礼的关系包含有两个向度：一方面，礼的内涵与原则在于仁，如果礼的具体仪则不以仁为准，那么便不能称为礼；另一方，只有当具体的礼得到正确践行时，内在的仁才能得到外显，才能呈现出其真正的价值与意义。

仁是礼的基础

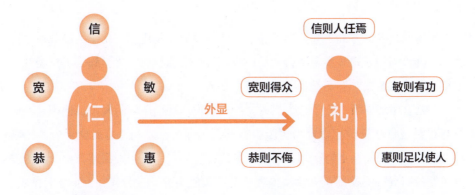

子张问仁时，孔子以恭、宽、信、敏、惠回答了仁的具体内涵，并进一步解释了这五种美德可以引生出怎样的结果，而这些结果，实际上也就是礼的目的所在。因此，礼的本质就是个人内在美德的外在显现。

礼是仁的完成

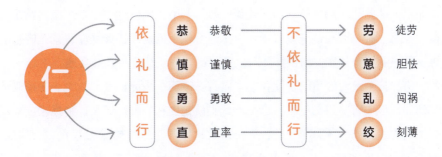

礼的基础是仁并不意味着仁的地位绝对高于礼，相反，孔子认为人的内在美德如果不接受礼的引导与规范，则可能会走向极端，从善转变成恶。因此，孔子在重视仁的同时也非常注重礼，对孔子而言，礼就是完善了的仁的外在表现。

孔子为什么要骂和事佬
孔子的中庸之道

> 中庸之为德也，其至矣乎！民鲜久矣。
>
> ——《论语·雍也》

中的标准

不论是在政治方面主张正名，还是在修身方面以礼成仁，孔子始终都在主张通过一种恰当的方式来实现社会生活的稳定与个人品行的完善。那么怎样做才能称得上是恰当的呢？答案就是中庸之道。

在社会生活方面，孔子认为当时之所以会出现礼崩乐坏的现象，原因是人们没有按照与自己身份相适合的规范去行事，只谋一己之利，自然会无所不用其极，这样，人们便会走向极端，并最终导致社会动乱。在个人品德方面，因为失去了礼的引导，美德的长养就会出现过与不及的情况，过者狂妄，不及者懦弱，两者都不是完善的美德。因此，想要不走极端，既不过分也不至于不及，就要去其多余而补其不足，这就是中的标准。

中庸不是折中

既然中的标准是去掉过分的、补充不足的，那么这是否意味着中庸的思维或行为是一种折中主义？对于这一问题，孔子的回答是否定的，同时他还对折中主义做出了非常严厉的批评。在《论语·阳货》中，孔子说"乡愿，德之贼也"。所谓"乡愿"者，指的是毫无原则、一味迎合他人的欺世伪善之徒，其人看上去谁也不得罪的行为其实并未依持任何道德准则，因而孔子批判其会残害德行。

中庸与折中最大的不同，就在于中庸有标准而折中无标准。折中是无原则的混乱调和，但中庸却与义相比，这种义其实就是内在的仁。那么这种标准或原则有多重要呢？孔子在《论语·里仁》中说过这样两句话："君子无终食之间违仁，造次必于是，颠沛必于是。""君子之于天下也，无适也，无莫也，义之与比。"这两句的意思就是以德立身的君子时时刻刻、一言一行都要以仁义为准则，不会因为私心或是环境的困苦而有所改变。

政治主张与方法论

　　孔子将"中"视作一种标准，欲用其规范的对象就是当时礼崩乐坏的社会现实。从这一角度来看，孔子的正名主张实际上就是其中庸思想在政治层面的显现，而正名既以个体克己复礼、修身成德为必然要求，中庸也自然有了方法论的意义。

内外相和

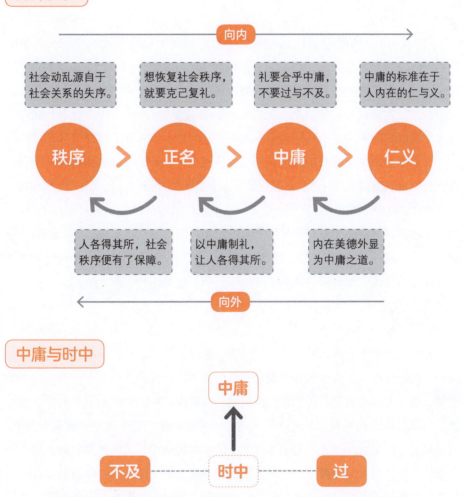

向内

| 社会动乱源自于社会关系的失序。 | 想恢复社会秩序，就要克己复礼。 | 礼要合乎中庸，不要过与不及。 | 中庸的标准在于人内在的仁与义。 |

秩序 > **正名** > **中庸** > **仁义**

| 人各得其所，社会秩序便有了保障。 | 以中庸制礼，让人各得其所。 | 内在美德外显为中庸之道。 |

向外

中庸与时中

中庸

↑

不及 —— 时中 —— **过**

　　如果中庸只是在不及与过之间找一个中间位置，那么这样的中庸就会变成一种僵化的教条。要做到中庸，必须要审思具体的情境与道义，以此来调整自己的言行，这种灵活就是"时中"，也就是孔子所说的"无可无不可"的境界。

德行好的人，命也一定好吗

孔子谈天命

文王既没，文不在兹乎？

——《论语·子罕》

天命有德

"皇天无亲，惟德是辅"这一观念不仅为周朝的建立与统治奠定了思想基础，同时也慢慢地转变成一种关于自我身份与理想人格的确认。在孔子的哲学思想中，天命不仅体现在王的身上，同时也体现在每一个人的身上。《诗经·烝民》所谓的"天生烝民，有物有则。民之秉彝，好是懿德"，便是这个意思。在孔子看来，需以德配天的并不只是天子，天所生养的每一个人都应修德以与天相配。

天子明德修身能够获得天之嫡长子身份的确认，普通人明德修身能从天那里获得什么呢？答案是对自我身份、价值与存在意义的确认。孔子在周游列国时，曾多次受困，然而即便到了生死关头，孔子依然坚信自己的德行可以与天相配，由此自己也就承接了天所赋予传续文化的使命，所以必然会得到天的护佑而不会蒙难。孔子这种自身德行与天命相配的信念，为后世儒家从形而上的角度确定了一种使命与责任，勾画出一条修己身、配天命、化百姓的成德之路。

君子之畏

孔子对于天命的体认并不是一种顿悟，相反，孔子经历很长时间的思索才对天命有了一种确认。孔子也曾对天命有所困惑，在他看来，天是一种主宰一切的道德意志，人修身成德与天相配，便自然会得到天的护佑，然而伯牛有疾、颜回早夭的事实也让孔子看到了天命的无情与无常。由此，孔子说君子要敬畏天命。君子对天命的敬畏并不是一般宗教信仰中的那种信徒对神灵的崇拜。因为与一般宗教信仰中神与人的分离不同，天命与人的关系是不离的，天命唯有通过人才能显现并被认知、践行，所以，君子对天命的敬畏最终要落实到对自身道德修养的谨慎上。"不怨天，不尤人，下学而上达。知我者，其天乎！"人的修养转变为一种与天相应的深邃默契，在这种默契下，即便天命无常，君子仍能以德立命。

儒者的使命

对于儒家学派与后世儒者而言，孔子的一生是一种典范。这种典范既包括孔子的学问也包括孔子的德行，然而最重要的，还是孔子对自身使命的确认与践行。这种"知其不可而为之"的态度，也正是儒家经世济民的精神所在。

学以成人

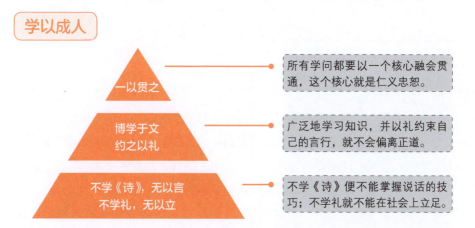

一以贯之 —— 所有学问都要以一个核心融会贯通，这个核心就是仁义忠恕。

博学于文 约之以礼 —— 广泛地学习知识，并以礼约束自己的言行，就不会偏离正道。

不学《诗》，无以言 不学礼，无以立 —— 不学《诗》便不能掌握说话的技巧；不学礼就不能在社会上立足。

孔子非常重视学习，他认为学习是一个人成为君子的最重要的途径。如孔子在称赞颜回时，就以其"好学"为由，而这种"好学"的表现就是"不迁怒，不贰过"，甚至可以做到"三月不违仁"。所以在孔子看来，学习与成德是一致的，最终都要"一以贯之"。

修己立人

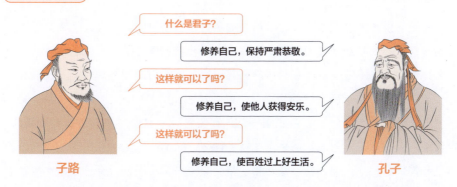

什么是君子？

修养自己，保持严肃恭敬。

这样就可以了吗？

修养自己，使他人获得安乐。

这样就可以了吗？

修养自己，使百姓过上好生活。

子路　　　　　　　　　　孔子

子路曾向孔子请教过什么是君子，孔子依次回答说君子"修己以敬""修己以安人""修己以安百姓"。从通过学习修养自己，到为自己之外的其他人带来安乐，再到为天下的百姓带来太平生活。孔子在给子路的回答中，已经暗含了"内圣外王"的思想。

自由与幸福从何而来

孔子的人生哲学与社会理想

叶公问孔子于子路，子路不对。子曰："女奚不曰，其为人也，发愤忘食，乐以忘忧，不知老之将至云尔。"

——《论语·述而》

学而自由

孔子认为人生的意义是在学习与成德的过程中实现的。在学习方面，孔子曾将人分为四类：生而知之，学而知之，困而知之，困而不知。天生就有智慧的是圣人，是第一等人；通过学习才知道的，是第二等人；经历困难才学到的，是第三等人；身在困难之中也不知学习的，是最下等的。

通过学习，个人的德行可得成就，由此展现出的便是儒者最高的生命境界。孔子在述其一生时这样说道："吾十有五而志于学，三十而立，四十而不惑，五十而知天命，六十而耳顺，七十而从心所欲，不逾矩。"从年少时的志于学到晚年时的从心所欲，通过孔子的人生历程，我们看到人可以通过学习使自己的生命得以安立、智慧得以长养，知天顺命，最后进入与天道相契的自由境界。

各有所安

孔子的哲学思想大多是以改善社会现实为核心与目的。在方式上，孔子主张让国家与社会恢复到周礼的制度中，那么在周礼的制度之下，人们的生活状态是什么样子的？孔子曾经两次和弟子们一起讨论了彼此的志向与理想，一次是和颜回、子路一起，孔子说自己的愿望是"老者安之，朋友信之，少者怀之"；另一次是和子路、曾皙、冉有、公西华一起，在曾皙说完自己"莫春者，春服既成，冠者五六人，童子六七人，浴乎沂，风乎舞雩，咏而归"后，孔子喟然而叹，说自己和曾皙的想法一样。在与颜回和子路的交流中，孔子的社会理想是年少者能得到关怀、同辈之间能相互信任、年老者能得到安养；在与曾皙等人的交流中，孔子所认同的曾皙的志向具有一种快乐平和的生活情趣。从某种角度看，后者是前者的一种具象化，正因人们各有所安，才会有如此闲适的生活状态。

孔子的快乐

虽然从孔子后半生周游列国的结果来看，孔子的抱负与理想都未能实现，但这并不意味着没有实现志愿的孔子是抑郁愁苦的，相反，即便是在不得志甚至困苦的情境下，孔子仍然保持着一种快乐的心态。

无一日之忧

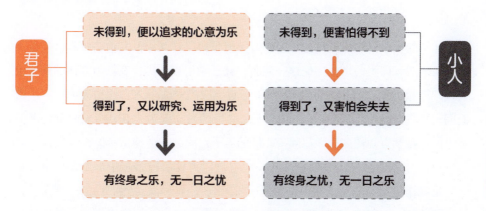

君子	小人
未得到，便以追求的心意为乐	未得到，便害怕得不到
↓	↓
得到了，又以研究、运用为乐	得到了，又害怕会失去
↓	↓
有终身之乐，无一日之忧	有终身之忧，无一日之乐

《孔子家语·在厄》记载，子路问孔子君子是否有忧愁，孔子回答说，对于君子而言，不论得未得到其想要的，都是快乐的，因此君子没有忧愁，而小人则正相反。可见孔子即便在楚国不得志而受困于陈蔡的情况下，其内心仍然是乐而无忧的。

乐在其中

学习之乐
学而时习之，不亦说乎？

交友之乐
有朋自远方来，不亦乐乎？

固穷之乐
厄于陈蔡，弦歌不衰。

孔子说清楚人的本性是好还是坏了吗

孔子后学的形而上思考

> 性自命出，命自天降。道始于情，情生于性。始者近情，终者近义。
>
> ——《性自命出》

📖 填补断层

孔子的哲学思想虽然以仁义为中心，但是对于仁义以及其他诸种具体美德是从何而来的，即人的本性为何这一问题，孔子则语焉不详。其较为直接的阐述也只是"性相近也，习相远也"，无怪乎子贡感叹道"夫子之言性与天道，不可得而闻也"。然而到了孟子那里，对于人之心性的讨论蔚为大观，以至于我们不得不追问：在罕言心性的孔子与阔谈心性的孟子之间，儒学经历了怎样的发展？

1993 年，七百余枚楚国字简在湖北省荆门市郭店村楚墓中被发掘出来，在这些记载儒道两家思想的楚简中，《性自命出》一篇因其论述心性的内容而受到学界的关注。经过专家学者的研究与讨论，《性自命出》篇可以说是一份展现先秦时期儒家学说发展变化的重要文献，特别是其中的心性论思想可说是上承孔子"性近习远"，下开孟荀性善性恶的关键节点。

📖 承上启下

《性自命出》首先继承了孔子"性近习远"的思想并做了展开，该篇认为人皆有共同的本性，但是因为心无定志，性在被事物引发后，会依其喜怒哀乐之气而发展，并最终通过积习的方式而得以确定。由此可见，孔子之后、孟子之前的儒家学派大致上持人性同一的观点，而人的心性之所以在后来有不同的表现，是后天的不同教化造成的。如此，孔子的"性近习远"就演变成"性一心异"。

既然人的本性因为来自于天所降生的生命，因而是一致的，那么这种本性是怎样的一种本性呢？《性自命出》给出的回答十分巧妙：一方面，该篇以"好恶"为性，好恶的对象是物，这种性本质上就是人的自然属性；而另一方面，该篇又说"仁，性之方也"，仁是性的一种显现，因此这种性乃是人的道德属性。自然属性与道德属性是一是异？这个问题引发了后来孟子、荀子对人性善恶的讨论。

儒家心性论的雏形

　　儒家学派关于人之心性的讨论如何从孔子的"性相近也，习相远也"演变到孟子的性善论与荀子的性恶论，对于这个问题，《性自命出》篇的出土让人们发现了之前被埋没了的思想发展进程。

基本脉络

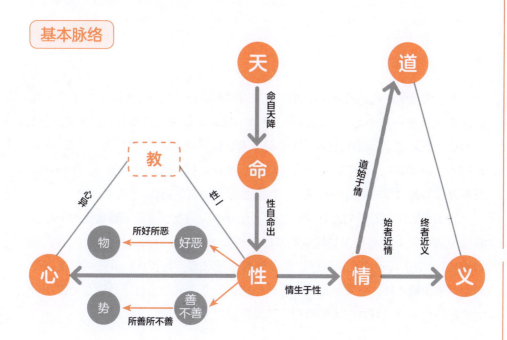

发展演变

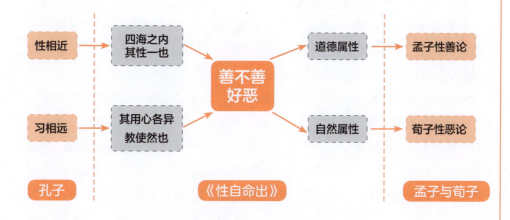

你会无条件、无目的地帮助他人吗

孟子谈人性本善

> 仁义礼智，非由外铄我也，我固有之也，弗思耳矣。
>
> ——《孟子·告子上》

📖 不得不辩

孟子所处的时代正值战国中期，对于当时的社会状况与思想氛围，孟子这样评论道："圣王不作，诸侯放恣，处士横议，杨朱、墨翟之言盈天下，天下之言，不归杨，则归墨。"面对这种社会现实，孟子称自己必须要"正人心，息邪说，距诐行，放淫辞"，而想要继承禹、周公、孔子三位圣人的事业，就不得不辩，只有通过辩论的方式胜过持邪说者，社会才有可能走上正轨。

孟子对杨朱与墨子的思想观点进行了十分严厉的批驳，认为以自我为中心的杨朱和讲求兼爱的墨翟都是走极端路线，杨朱无君、墨翟无父，"无父无君，是禽兽也"。要重新确立礼乐秩序，就必须对杨墨之言进行批判，而批判的重点除否定对方的观点外，更重要的是确立自己的论点，尤其要为自己的论点奠定一个坚实的理论基础。对此，孟子构建了其最重要的人性理论——性善论。

📖 人性本善

对于人性问题的讨论并不是儒家学派的专长，事实上在春秋战国时期，诸子百家对于人性或多或少都有所论述。在《孟子·告子上》中，公都子列举了当时主流的三种人性观：第一种观点是告子的观点，认为"性无善无不善"，即人性无所谓善恶；第二种观点认为性依据外在的环境可以为善，也可以为恶；第三种观点认为有些人本性就是善的，同时也有些人本性就是恶的。

对于这三种人性观，孟子的看法是"皆非"。在孟子看来，人性中本来就有善的因素，不善并不是人性本身的问题。孟子认为凡人都具有四种心：侧隐之心、羞恶之心、恭敬之心、是非之心；同时，这四种心分别对应四种美德：侧隐之心与仁相应，羞恶之心与义相应，恭敬之心与礼相应，是非之心与智相应。这四种善德是人所本有的，而不是由外在塑造的，这就是孟子的性善论。

内在的善性

在战国中期的三种人性论中，孟子对于告子"性无善无不善"之论的批判最为用力，也正是在对告子人性论的批判中，孟子建立起了其"仁义礼智，非由外铄我也，我固有之也"的观点。

以水喻性

性犹湍水也

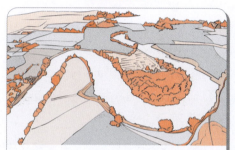

告子认为，人的本性就像流动的水：水道向东，水便向东流；水道向西，水便向西流，水本身是不分东西的。因此，人性也是不分善恶，或无所谓善恶的。

人性之善也，犹水之就下也

孟子认为，水固然是不分东西的，但是水总是向下流动的。即便有搏跃激扬，那也是地势造成的。因此人本性善，人不善的行为与人的本性无关。

本性为先

乍见孺子将入于井

我要救孩子！

非因认识孩子父母

不是为求乡里名声

非因厌恶孩子哭闹

恻隐之心

孟子从"乍见孺子将入于井"这一假想场景出发，论述了人在这种情形下救人的举动并不是为了名利，而是出于本性的善良。这种本性的善良是一种发端，如种子一般，经过培育便可成为仁、义、礼、智等美德。

他人好评与问心无愧，你选哪个
重视内在道德标准的孟子

行有不得者，皆反求诸己，其身正而天下归之。

——《孟子·离娄上》

🔶 向内寻求

如果人的本性是善，那么个人的修养功夫便是将内在的善性通过自己的行动外显出来。从孟子性善论出发，个人的成德之路便是一条由内而外的道路。在内在美德向外开显的过程中，如果个人的作为与外在的情景出现了矛盾冲突，或者作为的结果并未与内在善良的美德相应，在这种状况下，人是应该继续按照内在的善性去做，还是以外在情况为标准去修改自己的言行？

对于这个问题，孟子认为，既然人的本性是善的，并且仁、义、礼、智这些美德都是由内在的善性长养出来的，那么这种内在的善性就是唯一的道德标准。这种向内寻求的方法，孟子称为"反求诸己"。举例来说，如果甲敬爱乙，但甲却没有得到乙的敬爱，那么甲就应"反求诸己"，反思一下自己是否真的做到了仁与礼。通过不断地反思与提升，个体的道德境界最终可以臻至完满。

🔶 无愧于心

孟子称自己善于养浩然之气，这种气与道义相配，当它充盈于人的身心时，人的一言一行就都会合理并恰到好处，这就是孔子那种"从心所欲，不逾矩"的境界。因为此时个人的心便是规矩，"从心所欲"就是所作所为都按照礼仪、规矩去做。这种境界也可使个体对自我的存在价值有一份坚定的确认。孟子言"自反而缩，虽千万人，吾往矣"，就是说通过反思，若认为自己的言行与内在的善性相配，那么即便是有千万人反对，自己亦能够勇往直前。

孟子说君子有三种快乐，就算用天下来换，君子也不接受，其中有一乐就是"仰不愧于天，俯不怍于人"。之所以能拥有这种不以"王天下"相换的快乐，是因为君子时时刻刻都能按内在的良心去为人处世。这种外在言行与内在善性的相合也被孟子称为"诚"，所以孟子说"反身而诚，乐莫大焉"。

君子自得

在现代汉语中，"学问"一词往往指的是反映客观事物的知识系统，但在中国哲学的话语体系中，"学问"更多指的是一种修养功夫。如孟子对"学问"就有一个很清晰的定义："学问之道无他，求其放心而已矣。"

良能与良知

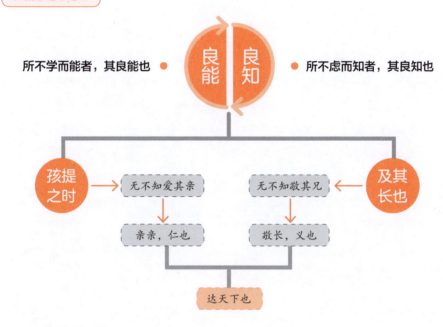

所不学而能者，其良能也 ●　良能｜良知　● 所不虑而知者，其良知也

孩提之时 → 无不知爱其亲　无不知敬其兄 ← 及其长也

亲亲，仁也　敬长，义也

达天下也

以"诚"通天人

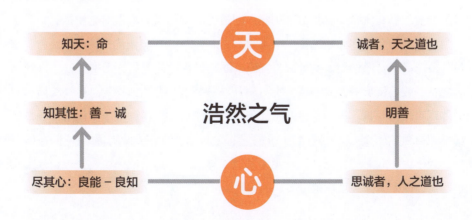

知天：命　天　诚者，天之道也

知其性：善－诚　浩然之气　明善

尽其心：良能－良知　心　思诚者，人之道也

人之所以为人，是因为会做选择题

孟子的义利观

生，亦我所欲也；义，亦我所欲也。二者不可得兼，舍生而取义者也。

——《孟子·告子上》

📖 国之危难

《孟子》开篇，梁惠王问孟子的第一个问题就是"叟不远千里而来，亦将有以利吾国乎"。这个问题可说是直中孟子的来意，孟子也毫不客气地回答梁惠王说"上下交征利，而国危矣"。这个问题在孔子的时代就曾出现过，《论语》中记载齐景公问政于孔子，孔子答以"君君，臣臣，父父，子子"，齐景公对这个答案十分赞赏，而"君不君，臣不臣，父不父，子不子"的本质就是"上下交征利"。孔子的正名就是要正仁义，而孟子也说"王亦曰仁义而已矣，何必曰利"。

由此可见，义与利之间的关系在孔子时就已经是社会问题的症结所在，而该症结到孟子，甚至直到当下也未得到很好地解决。和孔子一样，孟子也以义为重，孔子说"不义而富且贵，于我如浮云"，孟子也说"万钟则不辨礼义而受之，万钟于我何加焉"。

📖 贤者的本心

在孟子看来，人之所以能与禽兽相别，原因就在于人有四端之心。孟子曾非常直接地说过，没有四端之心者"非人也"。人若只知道吃饱穿暖，不知反省自身的德行，那和禽兽又有什么区别呢？四端之心便是义，吃饱穿暖便是利，孟子认为当在义与利之间必须选择一个并放弃另一个时，就应该选择义而放弃利，选择义便选择了自己作为人的身份与价值，而选择利便是与禽兽无别了。

在一般的情形中，孟子认为义与利并不是截然二分的，这一点在其政治思想中体现得较为明显。在与梁惠王论如何使"国民加多"时，孟子所说的种种举措都是以百姓之利为核心与目的。人们常将之理解为孟子的仁政思想，但在根本处，孟子的仁政思想仍以其义利观为基础，即王之义在于使民得利安生，其本质仍是周公以来天人关系在政治层面的显现。

两重义利

孟子从两个层面对义与利进行了阐述：在人之为人的层面上，义利之辨使人的道德本性得以确立；在社会政治的层面上，如何看待义利关系对社会之治乱具有深刻的影响。

人之为人

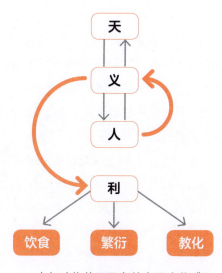

动物虽然和人一样同生于天，但动物因不能进行自我反思而不具有仁义德行，所以只能逐利而行。

人与动物的不同之处在于人能"反求诸己"，使天所赋予的四端之心得以长养，人因道德本性而成为人。

君民义利

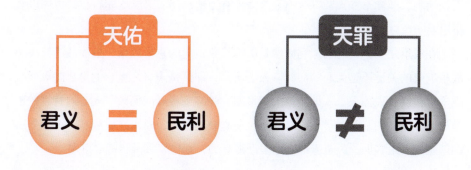

别人凭什么帮你

孟子以仁爱治国的政治思想

老者衣帛食肉，黎民不饥不寒，然而不王者，未之有也。

——《孟子·梁惠王上》

■ 从牛开始

一日，齐宣王看见有人牵一头牛从堂门前经过，便问此牛要用来做什么，那人回答说要用来"衅钟"。所谓"衅钟"是一种祭礼，就是将牛宰杀后将其血涂在钟上。齐宣王因看到牛瑟瑟发抖的样子而动了不忍之心，便让人将牛放了，用羊来代替。这件事情被孟子知道后，孟子赞赏齐宣王的这种用心是一种仁术，并说凭这种爱心就可以成为一个合格的王。

孟子在论人心之四端时曾说过"先王有不忍人之心，斯有不忍人之政矣"，这是说古代的圣王正是出于内心对百姓的仁爱，才制定出种种爱护百姓的政策。在孟子看来，王道仁政是性善论的必然发展，其本质是人的善良本性以政治形态在社会生活中的扩充与放大。一国之君只要能发现自己本性中的善良，并将这种善良推予所有百姓，百姓自然会归顺，国家也自然会因此变得强大而和平。

■ 人和最重要

孟子所处的时代之所以被称为"战国"，原因就在于诸侯国之间纷争不断、战乱连年。论性善而倡仁政的孟子针对时局，做过很多以战争为主题的论述，以说明实行王道政治的好处与价值。在孟子的这些论述中，"仁者无敌"和"天时不如地利，地利不如人和"两篇最为清晰有力地阐述了为什么实行仁政之国以及得道君子可以战无不胜。

在战争之中，天时与地利固然是影响战争走向的重要因素，然而最终能决定战争成败的关键还是人心的向背。人心所向，即便是三里之城、七里之郭也能在战争中获胜；失掉人心，即便强大如秦国，最终也将不战而败。人心向背靠的不是战争开始前的临时动员，它是君王长期施政的结果；君王之施政有得道和失道的差别，得道多助，失道寡助，以多助战寡助，则仁者无敌，战必胜矣。

038

孟子的仁政思想

虽然孟子对其政治哲学的阐述总是围绕着国君来展开的，但这并不意味着孟子的政治哲学是以君王为核心。孟子认为王与其说是一种身份，不如说是一种德行，只有德行达到一定程度才可被称为"王"，否则只是"一夫"。

王霸之别

王道政治以君王之德为核心，王因其德而为王，百姓亦因王之德行而归心于王者。以力服人者虽然也能称霸，但得不到民心，当百姓的力量变强时，自然要推翻霸者的统治。儒家哲学中"内圣外王"的理论到孟子这里可以说是初步确立了。

使民怀惠

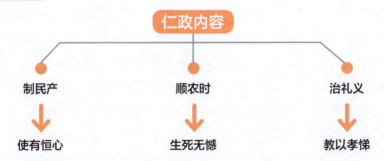

联系周公"皇天无亲，惟德是辅。民心无常，惟惠之怀"的观点，我们能更清晰地看出孟子政治哲学的特点所在。天赐人以德，德圣者为王，王者爱民以配天命，而爱民的核心就是使民怀惠。这样，天命、民心、德行、政治就被有机地统合在了一起。

为什么说人性本善是错的
荀子的性恶论思想

人之性恶，其善者伪也。

——《荀子·性恶》

📖 天人之分

天作为一个抽象概念具有多重含义，它既可以总括含生命在内的自然事物，也可以指代不可更改的命运或规律，更可以成为人之善良品德的根源。在究竟应该如何解释天这个问题上，先秦的儒家学派大致上可以分为两种：一种是孔子与孟子的观点，认为天同时具有生命义、规律义与道德义；另一种就是荀子的观点，认为天的内涵主要有两个方面，即自然事物与客观规律。

作为至上观念的天在荀子这里失去了道德性，而只留下了自然性与规律性，这在儒家学派中是极为独特的。在荀子看来，天是外在于人的、有其客观规律的自然界，除耕作生产之外，天与人的社会生活没有任何关系。所谓"天行有常，不为尧存，不为桀亡，应之以治则吉，应之以乱则凶"，实际上就是对孔子以及孟子天人相通思想的背离。

📖 性伪之别

由于荀子认为天不具有道德性，所以在解释人之本性方面，荀子就必须另辟蹊径。荀子首先对人的自然本性做了说明，他说人天生就有耳目声色之欲，如果不对这种欲望加以节制，就会出现人与人之间的争斗以及由之产生的社会动乱。想要节制这种本能欲望，荀子认为只有以与人的本性相悖的礼法进行教化这一条途径。在荀子所设定的概念里，人先天的本能欲望就是"性"，由后天教化习得而来的道德品行就是"伪"。

性与伪的区别一旦弄清楚，荀子的性恶论也就好理解了。荀子之所以说人的本性为恶，是因看到了人如果顺从其本有的欲望而不加节制会造成怎样的恶果。为避免这种恶果产生，必须对人的这些天然欲望加以节制。荀子认为既然人依其自然性情不会对自身的欲望加以节制，那就必须用外在的礼法来教化人性。

性之善恶

在《性自命出》中，我们看到孔子之后儒家学派对于心性问题的初步看法，其中对性的论述就有好恶和善不善两个方面。这两个方面可以说开出了儒学人性论的两个方向：善不善引出了孟子的性善论，好恶引出了荀子的性恶论。

天与性

儒学的歧途

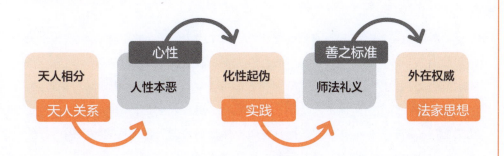

荀子在将天的道德属性去除之时，就宣告了其对孔子至孟子一脉儒学思想的偏离。虽然荀子也强调"心知道"的重要性，但失去了内在的善性，想要为善去恶就只能依靠外在的标准；而当外在标准因没有内在根基而成为权威主义时，法家思想就诞生了。

如果人性本恶，那善良又是哪里来的
荀子谈后天教育的重要性

今人之性恶，必将待师法然后正，得礼义然后治。

——《荀子·性恶》

▣ 道德的起源

既然人的自然本性中并没有善的因素，那么善与道德如何可能？对此，荀子阐述了人与动物的区别以及道德的起源。

荀子认为人与动物的区别主要在于人有分辨的能力，而动物没有。比如人与动物都有亲子与配偶关系，但只有人能懂得父子之亲与男女之别。因为人有这种分辨能力，所以人能够划分身份与等级。规定各种身份与等级的就是礼，而礼的制定者就是圣王。

圣王制礼是为了调节人的本性欲望以避免由纷争导致的混乱，礼由此就成了规范人之言行的外在准则。遵守这种外在准则的便是善的、道德的，而不遵守的便是恶的、不道德的。人以圣王制定的礼来调节自己的本性欲望，以展现出具有功利色彩的仁义法正，这就是荀子所说的"化性起伪"。

▣ 学习的重要性

分辨能力是人的认知能力的一种体现，荀子十分重视人的这种与动物相别的认知能力，并认为这是人能够由恶向善的关键所在。荀子认为人心本来就有一种知的能力，就像眼睛能认知颜色、耳朵能认知声音一样，心能认知的对象是道。这种道不是自然之道，而是人之道、君子之道，更准确地说是治国之道，也就是礼法。当心能够完全地认知并掌握礼法时，即便是普通人也能成为像大禹一样的圣王，荀子所说的"涂之人可以为禹"就是这个意思。

所以面对本性的欲望，人必须学习礼义法度，以此来调节、矫正自己的性情。当个体的性情欲望得到节制后，社会自然能够达到和平稳定的状态。因此，荀子说"心不可以不知道"，只有通过学习让心认知道后，人才能够接受、持守礼法，同时禁止不合礼法的言行。可以说，学习就是实现化性起伪的方式与途径。

环境塑造人

荀子虽然认为人性本恶，但他并不认为需要彻底消除人的自然性情才能使人向善，圣王之所以制定礼法也不是为了消除人的本性，而是为了调节人的欲望。通过外在环境的引导与塑造，人的言行自然能够与礼法相符。

辇木成轮

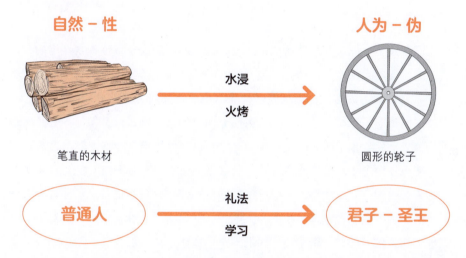

自然－性

笔直的木材

水浸
火烤

人为－伪

圆形的轮子

普通人

礼法
学习

君子－圣王

树木的自然本性是直的，但是通过用水浸与火烤的方式加工塑形，就能变成圆形的车轮，这就是人对于自然事物的改造和利用。按照这一道理，荀子认为人的本有恶性也可以通过学习礼法而转为善性。

人的知性

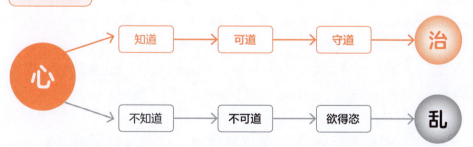

心

知道 → 可道 → 守道 → 治

不知道 → 不可道 → 欲得恣 → 乱

荀子认为人心有认知道的能力，认知了道就会依道而行，社会就会安治；不认知道就不会接受道的指导，从而恣意妄为，社会就会混乱。在荀子这里，道就是礼义法度。

当动之以情、晓之以理不管用时该怎么办

荀子谈刑赏的必要性

治之经，礼与刑，君子以修百姓宁。明德慎罚，国家既治四海平。

——《荀子·成相》

📖 礼法的强制性

圣王看到了人的本来恶性所能导致的恶果，所以制定了调节人之性情的礼义法度，然而既然人性本恶，那么人如何能够必然地接受圣王的教化呢？荀子虽然说人心本有认知道的能力，但拥有这种能力也不意味着人必然会使用这种能力。这两点共同说明了这样一个事实：人虽然有向善的能力与条件，但却不会必然地向善。事实上荀子也承认，即便在尧舜之时，也有像鬼瓠这样不受教化之人。

要使人依照圣王的礼法改恶向善，礼法就必须有一种强制性，这是从荀子的人性论中推出的一个必然结论，而礼法的强制性集中体现在刑赏上。他将人大致分为体认了道的君子与未体认道的小人两种，对君子应以礼义相敬重，对小人就要以刑赏相慑诱。同时，荀子还认为刑赏是国家确立信用的重要手段，即便礼义尚未完善，但只要刑赏分明，国家就能变得强大，荀子称之为"信立而霸"。

📖 儒法之间

虽然荀子强调了刑赏对于推行礼法的重要性，但这并不能说荀子的这种观点就是法家的思想。在人治与法治之间，荀子还是认为人治较法治为优。荀子说法只是政事的末端，君子却是法的本原。有了君子，法律虽然简便但也够用；没有君子，即便法律十分完善也会引发祸乱。荀子的这种说法体现了他的儒家立场。不过，从其性恶论出发，荀子认为人应认知的道是外在的、圣王所制定的、与人本有的性情相悖的礼法，这些观点使其最终偏离了儒家正统的仁爱思想，而开出了之后法家的权威主义之路。

从现实的角度来看，在荀子所处的战国晚期，大一统成了时代的呼声，而荀子的哲学思想正好顺应了这种期许；但从儒学的思想脉络来看，荀子天人相分与人性恶的思想也确实是对儒学的一种偏离，所以韩愈称其"大醇而小疵"。

合理的差等

人之所以能在自然万物之中如此突出，原因就在于人能够按照一定的秩序组成团体。人在团体之中必然要分出上下等级，而所谓的秩序在荀子看来就是维护这种差等关系的礼法。

群与分

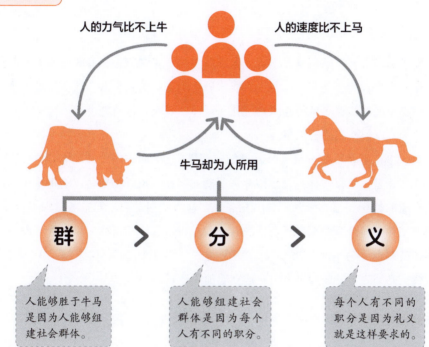

人的力气比不上牛　　　人的速度比不上马

牛马却为人所用

群 > **分** > **义**

人能够胜于牛马是因为人能够组建社会群体。

人能够组建社会群体是因为每个人有不同的职分。

每个人有不同的职分是因为礼义就是这样要求的。

以知分等

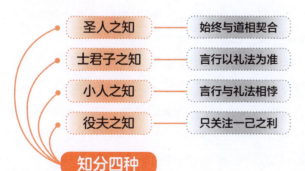

圣人之知	始终与道相契合
士君子之知	言行以礼法为准
小人之知	言行与礼法相悖
役夫之知	只关注一己之利

知分四种

既然人心有体认道的能力，那么对荀子来说，依照体认道的程度来对人做等级划分就是顺理成章的事情了。从某一角度来看，这种等级结构和柏拉图《理想国》中的社会等级划分有异曲同工之处。

社会动荡的根源在于人们不懂逻辑
荀子构建的逻辑体系

> 故王者之制名，名定而实辨，道行而志通，则慎率民而一焉。
>
> ——《荀子·正名》

📖 以正对奇

孔子是"正名"的最早提出者，孔子所讲的"正名"是一种政治诉求，即按周礼使每个人都能各得其名、各安其所，以达到人际关系和谐、社会环境安稳的目的。荀子的"正名"思想在承接了孔子理念的同时，也对之进行了扩充，使之成为一种哲学层面的逻辑思想。

荀子将"正名"的对象从个人身份推至更广泛的事物上。荀子认为"正名"就是名实相符，即每一种概念必须有其明确的所指对象。如果名实不相符，那么人在交流时使用的语言概念就会出现混乱，这样就会导致人们思想意识不统一，进而引发社会动乱。联系荀子所处的时代，众说纷起，荀子称之为"圣王没，名守慢，奇辞起，名实乱"。为达到"率民而一"的政治目的，辟奇辞、正名实就成了荀子必为之事，而荀子也由此建立起他的逻辑理论。

📖 明晰概念

荀子首先论证了人对于相同事物可以产生统一概念的原因。荀子以人的感官自然地对应不同的客观事物为根据，认为"凡同类同情者，其天官之意物也同"，如目能辨色、耳能辨声、口能辨味、鼻能辨气、体能辨触、心能辨情。既然感官对象具有相似的客观性，那么人由感官而得来的关于外在事物的感性印象也具有相似性，以此构成概念，这种概念就具有统一性。

在统一名实关系后，由于事物与事物之间具有客观的分别，概念与概念之间也要有所区分以避免混乱，因此荀子提出"单""兼""共""别"的原则。"单"是指一个概念就能指代，"兼"是指需要一个以上的概念指代，"共"是指同类概念，"别"是指异类概念。相同或不同种类的概念在确定下来后，人的言行有了统一标准，如此"名定而实辨，道行而志通"，社会便能安定下来。

概念与推理

尽管目的是政治性的，但是荀子的"正名"理论对于先秦儒家哲学而言还是具有重要的哲学意义，它一方面是孔子"正名"思想的理论化与哲学化，另一方面也填补了先秦儒家哲学中逻辑思想的不足。

概念的种类

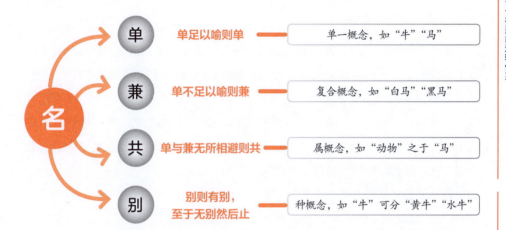

单	单足以喻则单	单一概念，如"牛""马"
兼	单不足以喻则兼	复合概念，如"白马""黑马"
共	单与兼无所相避则共	属概念，如"动物"之于"马"
别	别则有别，至于无别然后止	种概念，如"牛"可分"黄牛""水牛"

荀子认为确立概念要遵照两个原则：一是"稽实定数"，即概念要以其所指事物的实际状况为标准，事物性质是第一性的，概念是第二性的；二是"约定俗成"，即概念是众人约定而成的，具有一定的稳定性与习惯性，个人不能随意改动。

如何推理

错误的推理方式		正确的推理方式	
用名以乱名	种属概念不明确的谬误	疏观万物而知其情卒然起一方，则举统类以应之	归纳
用实以乱名	以个别代替一般的谬误	经纬天地而材官万物以浅持博，以古持今，以一持万	演绎
用名以乱实	以概念抹杀事实的谬误		

《易经》为什么会成为儒家经典

从《易经》到《易传》

昔者圣人之作《易》也，将以顺性命之理，是以立天之道曰阴与阳，立地之道曰柔与刚，立人之道曰仁与义。

——《易传·说卦》

📖 一阴一阳之谓道

如说《易经》只是暗含了阴阳思想，那么到了《易传》这里，阴与阳就非常直接地被赋予了具有本原意义的形而上学内涵。《序卦》言"有天地然后有万物，有万物然后有男女，有男女然后有夫妇，有夫妇然后有父子，有父子然后有君臣，有君臣然后有上下，有上下然后礼义有所错"。从自然的天地万物到社会的人伦礼义，阴阳之道始终贯穿其中：在天道的层面是阴阳二气，在地道的层面是柔刚二性，在人道的层面是仁义二德。

阴与阳的对立转化带来了世间万物的发展变化，而这种发展变化的本质乃是"生生"。《系辞上》称"生生之谓易"，意思就是说《易经》《易传》的哲学核心就在于"生"。这种"生"除了表现出事物发展的流变不息之外，更重要的是含有一种积极向上的情感与价值取向，而这种情感与价值取向正是儒家哲学的意趣所在，这也是《易传》哲学归类为儒家哲学的原因。

📖 一脉相承的忧患意识

从初九的"潜龙勿用"到上九的"亢龙有悔"，乾卦爻辞所揭示的事物发展规律也为儒家君子的修养确立了原则。《系辞下》中说写就《易经》的人一定有强烈的忧患意识，所谓的"《易》之道"就是"惧以终始，其要无咎"，这是说君子要时刻谨慎处事，避免灾祸临身。

比照孔子的"临事而惧"和孟子的"生于忧患"，我们便能发现《易传》中所说的君子修身之道是与儒家的忧患意识一脉相承的。因为事物的发展变化极其微妙，所以君子必须要慎言慎行；但这也不是说君子要畏首畏尾，相反，君子在谨慎的同时也要效仿天地的精神，即自强不息与厚德载物。

《易经》的哲学化

《易经》蕴含的哲思吸引了后来意欲探索宇宙与人生大道的哲人的关注。他们在阐述《易经》卜辞的基础上，提炼出了其中的哲学思想，并将之集结成七部论著，这七部论著的合辑就是《易传》。

《易经》"十翼"

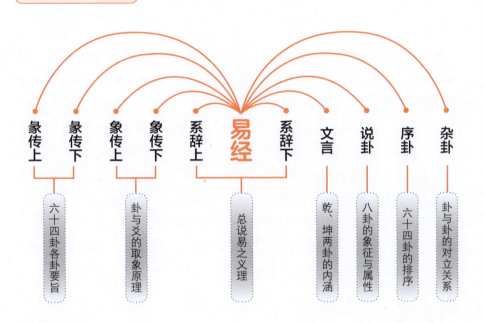

彖传上 彖传下	象传上 象传下	系辞上	易经	系辞下	文言	说卦	序卦	杂卦
六十四卦各卦要旨	卦与爻的取象原理	总说易之义理			乾、坤两卦的内涵	八卦的象征与属性	六十四卦的排序	卦与卦的对立关系

全息图景

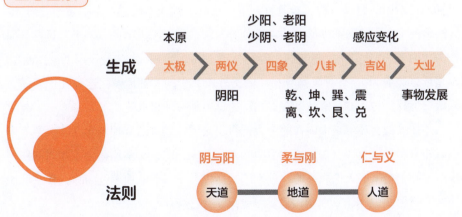

道德和政治是一回事

《大学》中的修身治国之道

大学之道在明明德，在亲民，在止于至善。

——《大学》

📖 本末终始

儒家对于家国天下的安立始终是以个人、特别是君王的德行为核心的，这点虽然在孔子、孟子、荀子那里都有所论述，但说得最为清晰，同时还详述了具体方法与途径的是《礼记》中的《大学》一篇。所谓"大学"，是与启蒙的"小学"相对的、专门讨论大人君子修身治国的学问。《大学》开篇讲"物有本末，事有终始，知所先后，则近道矣"，就是说大人君子要循序渐进地依道而行。

什么是大人君子的修身治国之道？《大学》从"三纲领""八条目"这两个层面做出了解释。所谓的"三纲领"就是"在明明德，在亲民，在止于至善"，此三者之间是逐层递进的关系，从修德到亲民再到至善，这就是"大学之道"。在总纲之下，《大学》还详说了践行"大学之道"的"八条目"，即格物、致知、诚意、正心、修身、齐家、治国、平天下。

📖 由圣而王

《大学》中所列举的"八条目"可以说是实现儒家思想中"内圣外王"这一目标的最清晰的路径。在"八条目"中，格物、致知、诚意、正心属于"内圣"之法，有了"内圣"的基础，才能达到齐家、治国、平天下的"外王"目标，而作为"内圣""外王"之枢纽的，就是修身。《大学》中说"自天子以至于庶人，壹是皆以修身为本"，可见修身在"内圣外王"中的关键地位。这和孔子"修己以敬""修己以安人""修己以安百姓"的思想是一脉相承的。

外在的社会环境是由内在的个人德行决定的，儒家的这种观念在《大学》中也有非常明显的表现。在论述"治国必先齐其家"时，文中称社会人际间的伦理规范实际上是家庭人伦规范的一种推广，所以君子只要能使家庭和睦，自然就能使社会安稳，"一家仁，一国兴仁"说的就是这种道理。

大学之道

《大学》是《礼记》的第四十二篇，相传为曾子所作，当代学者研究该文或应成于战国末期。这篇论述君子"修齐治平"的文章在很长一段时间内都没有获得人们的重视，直至宋代，其价值才被诸位大儒发现，并将之收录为"四书"之一。

纲领与条目

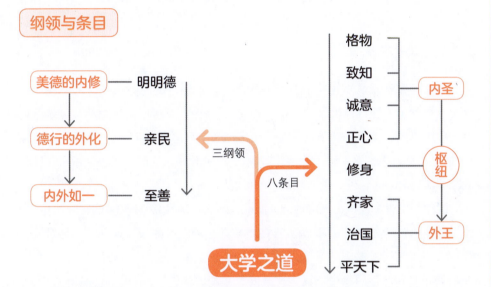

虽然《大学》详细列举了成就大学之道所应践行的"三纲领"与"八条目"，但是在具体的解释上，则缺失了格物、致知，以及如何由格物致知到诚意的内容。这部分内容的残缺引起了后世儒家学者在理解上的分歧，并导致了不同思想派别的出现。

家国天下

君子不出家而成教于国：孝者，所以事君也；弟者，所以事长也；慈者，所以使众也。

上老老而民兴孝，上长长而民兴弟，上恤孤而民不倍，是以君子有絜矩之道也。

儒家哲学追求的究竟是什么
《中庸》中的生命境界

致中和，天地位焉，万物育焉。

——《中庸》

📖 天赋之性

性是儒家学派着重讨论的核心概念之一。关于性的讨论由孔子的"性近习远"发展到了《性自命出》的"性一心异"，因为性既可以是道德的又可以是自然的，所以到了孟子和荀子这里又分化出性善、性恶两种理论。《中庸》开篇说"天命之谓性，率性之谓道，修道之谓教"，可见其理论立场与子思、孟子一脉相同，即认为天、命、性、道、教是相互贯通的。

既然《中庸》也认为人之性乃天所赋，那么这种性是一种怎样的性？《中庸》说"自诚明，谓之性"，即认为人性的本质是一种自明的诚，这一观点是对孟子"诚者，天之道也；思诚者，人之道也"的继承。在此基础上，《中庸》进一步发挥了孟子"尽性"的思想，认为"至诚"便能"尽性"，而人一旦能以"至诚"来"尽性"，那么这个人就能参与到天地的造化之中了。

📖 与天地参

为什么说"至诚"便能"尽性"，并由此参与到天地造化之中呢？要回答这个问题，只知道《中庸》中以诚为性是不够的，还要理解什么是诚。《中庸》说"诚者自成也"，即是说诚是事物本身的存在以及其发展过程。在这一层面上，以诚释性便十分自洽了，因为天在化育万物的过程中将性注入万物之中，而万物之所以成为万物，就是因为万物以天所赋之性而自成，而这种以性自成的过程也就是道的体现。"天命之谓性，率性之谓道"的内涵即是此意。

因为"诚者自成"本身就内含了发展的意蕴，所以事物想要达到圆满的状态，还需要一个成长的过程。在天所化育的万物之中，唯有人能"思诚"，也唯有人能"至诚""尽性"，既能"尽人之性"又能"尽物之性"，因而在"成己"的同时亦能"成物"，这便与天地化育的生生之道相合，也就与天地相参了。

圣人之道

与《易传》相似，《中庸》的主题也是道德形而上学，但在理路上，《中庸》继承发展的是思孟学派的观点，即从天、人、万物一脉贯通的性与道的角度确立人的本质以及人所能达到的圆善境界。

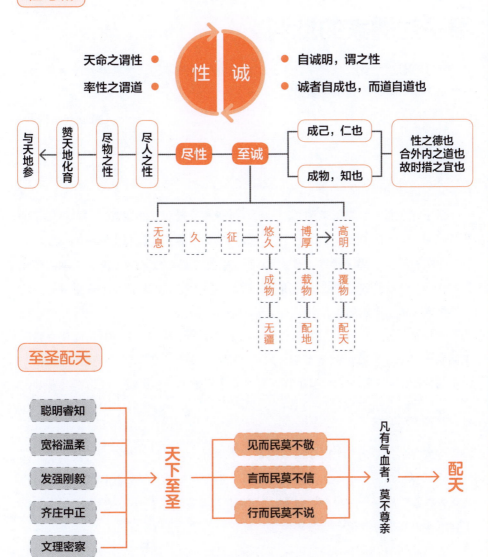

性与诚

天命之谓性
率性之谓道

性｜诚

自诚明，谓之性
诚者自成也，而道自道也

与天地参 ← 赞天地化育 ← 尽物之性 ← 尽人之性 ← **尽性** — **至诚**

成己，仁也
成物，知也

性之德也
合外内之道也
故时措之宜也

无息 — 久 — 征 — 悠久 — 博厚 — 高明

悠久 → 成物 → 无疆
博厚 → 载物 → 配地
高明 → 覆物 → 配天

至圣配天

聪明睿知
宽裕温柔
发强刚毅
齐庄中正
文理密察

→ **天下至圣**

见而民莫不敬
言而民莫不信
行而民莫不说

凡有气血者，莫不尊亲

→ **配天**

第三章
墨家学派

仁与礼真的能给百姓带来好生活吗
墨子对儒家的批判

> 墨子学儒者之业，受孔子之术，以为其礼烦扰而不说，厚葬靡财而贫民，服伤生而害事，故背周道而用夏政。
>
> ——《淮南子·要略》

📖 另一个阶层

墨子，名翟，是墨家学派的创立者。他曾接受过儒家的教育，后因对儒家的礼教思想有所不满而放弃了儒家学说。究其不满于儒家礼教思想的原因，或许与墨子的出身有关。墨子自称"贱人"，是一个拥有高超技艺的工匠，长期的劳动生活让墨子体察到普通百姓的疾苦，并看到了儒家的礼教思想并不能像其宣扬的那样给百姓带来切实的利益。

在墨子看来，百姓"饥者不得食，寒者不得衣，劳者不得息"，能使百姓的生活状况有所改善才是最重要的，故墨子倡导"兼爱""非攻""尚贤""尚同"。墨子的种种思想主张在春秋至战国时期产生了极大的社会影响，成为当时显学。

📖 不只是学派

与儒家学派不同，墨家学派不仅是一个学派，它还是一个有着严格组织纪律的政治军事团体。这个团体的首领称"巨（钜）子"，成员称"墨者"，其生活作风艰苦朴素，对巨子的命令绝对服从，"可使赴火蹈刃，死不还踵"。墨子作为第一代巨子，在推荐其弟子到各国做官以推行自己政治主张的同时，也会率领弟子参与到国家间的争战中，并总是站在防御自卫的一方，如墨子以与公输班演习对决的方式，劝阻楚王不要攻打宋国就是一例。

一代显学

从社会阶层的角度来看，墨子及墨家学派所代表的始终是普通劳动者的立场与利益，这使得墨学能够获得非常广泛的接受与支持，这是墨学能成为当时显学的一个重要原因。

墨子"十论"

昏乱	尚贤、尚同
贫	节用、节葬
熹音湛湎	非乐、非命
淫僻无礼	尊天、事鬼
夺务侵凌	兼爱、非攻

墨子

墨子"十论"见于《墨子·鲁问》，是对墨子哲学思想的一种整体性概括，也是其政治主张的集中表现。"十论"皆以解决国家存在的实际问题为目的，可见墨子对现实社会人生的关注。在墨子身上，我们也再次看到了中国哲学的现实向度。

儒之四政丧天下

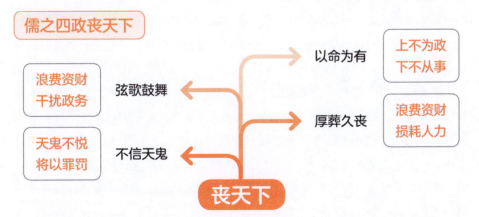

以命为有 —— 上不为政 下不从事

弦歌鼓舞 —— 浪费资财 干扰政务

厚葬久丧 —— 浪费资财 损耗人力

不信天鬼 —— 天鬼不悦 将以罪罚

丧天下

墨子对于儒家的批判主要集中在其不信天鬼、在礼乐上铺张浪费、相信既定命运和强调等级等方面。

树立绝对权威就能维护社会稳定吗

墨子论"天志"

> 然则孰为贵、孰为知？曰：天为贵、天为知而已矣。然则义果自天出矣。
>
> ——《墨子·天志中》

▣ 最高的主宰

在先秦的诸子百家之中，墨家学派有一个特殊之处，就是它有非常强的宗教色彩。墨者为什么能做到"摩顶放踵利天下"而"死不旋踵"？原因或就在于其有强烈的信念，而这种信念的对象就是"天志"，即天的意志。墨子的"天志"思想是对周朝开国以来的、以天为崇拜对象的思想的继承和发展。正是在"天志"这一最高主宰的前提下，墨子的种种哲学思想才能得以确立。

天是先秦诸子都会讨论的一个概念，但只有墨子是从宗教的角度来阐述天。墨子的许多主张，如兼爱、尚同等思想，其最终形而上的理论依据都被归结到了"天志"之中。天具有分辨善恶的意志与进行奖惩的权能，顺从天之意志的行为就是善的，就会得赏；相反，违背天之意志的行为就是恶的，就会受罚。因此，墨子认为"天志"既是万物的最高主宰，也是人之言行的最高标准。

▣ 鬼神的赏罚

在树立"天志"地位的同时，墨子还肯定了鬼神的存在，并认为鬼神会按照天的意志来对人间做出奖惩。墨子之所以肯定鬼神的存在，目的是解释当时社会动荡的原因。

墨子说，当世之天下之所以君臣上下不惠忠、人伦长幼不贞良，民为盗寇而自私自利，使百姓受兵刃毒药水火之灾，如此天下大乱的原因就在于"皆以疑惑鬼神之有与无之别，不明乎鬼神之能赏贤而罚暴也"。正因为人们不确信鬼神之存在，心中毫无敬畏之心，所以才会无恶不作。然而既然鬼神是实际存在的，人的种种行为必然会被鬼神看在眼中，于是"鬼神之所赏，无小必赏之；鬼神之所罚，无大必罚之"，所以想要"兴天下之利，除天下之害"，就必须让百姓明白鬼神的实存与赏罚，也就是"明鬼"。

墨子虽因主张"天志""明鬼"而使墨家思想具有浓厚的神学色彩，但这并不是说墨子的哲学思想就是一种神学。我们很难从墨子的思想中找到超越现实的概念或定义，相反，我们所能看到的，处处都是墨子对社会人生的关注。

"天志"即规矩

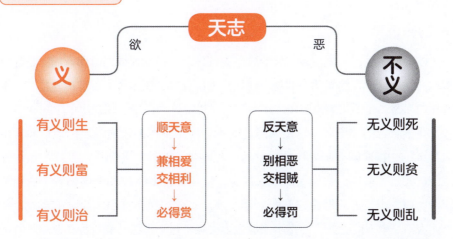

墨子认为，"天志"既是一种能分辨善恶的主宰意志，同时也是善恶的最终标准。人认知并把握了"天志"去分别善恶，就像工匠用圆规、方尺去测量事物是圆是方一样，符合"天志"的就是善的，不符合"天志"的就是恶的。

圣王与暴王

天意	
顺得赏	**反得罚**
其事上尊天，中事鬼神，下爱人	其事上诟天，中诟鬼，下贼人
天所爱，兼而爱之 天所利，兼而利之	天所爱，别而恶之 天所利，交而贼之
使贵为天子，富有天下，业万世子孙， 传称其善，方施天下，至今称之，谓之圣王。	使不得终其寿，不殁其世， 至今毁之，谓之暴王。
昔三代圣王禹汤文武	**昔三代之暴王桀纣幽厉**

所有人都只有一种价值观会怎样
墨子谈社会价值体系

> 故官无常贵，而民无终贱，有能则举之，无能则下之，举公义，辟私怨。
>
> ——《墨子·尚贤上》

■ 选贤任能

使国家富足、人口增多、政治法令施行得当，是春秋战国时期各国王公都想实现的政治目标，然而现实的情况往往是欲富者贫、欲多者寡、欲治者乱。对于这样的问题，孔子认为需要用"正名"的思想解决，但墨子则提出了不同看法。

孔子所说的"正名"是按照周礼的规定使每个人都依照自己的地位和身份去行事，这在本质上是对社会阶层的一种固化，因为"名"是由家族与血统规定的，天子、诸侯、士大夫、平民的身份不可混乱，所以一个国君再平庸也是国君，而一个工匠再贤良也只是一个工匠。对此，墨子提出了相反的观点，墨子认为不是个人的身份，而是个人的能力决定了这个人的社会地位，这就是所谓的"尚贤"。墨子的"尚贤""不党父兄，不偏富贵，不嬖颜色"，只要是有贤能的人，就算是农民、工匠，也要"高予之爵，重予之禄，任之以事，断予之令"，而无能者就要"抑而废之，贫而贱之，以为徒役"。总的来说，墨子认为国家想强大必须"尚贤"，而"尚贤"的标准就是"有能则举之，无能则下之"。

■ 因贤而同

虽然儒家也称颂贤能之人，但墨子"尚贤"的目的却不是为了赞扬人的德行操守。墨子认为在国家还未形成的远古时期，"一人则一义，二人则二义，十人则十义，其人兹众，其所谓义者亦兹众"，而每个人都按自己的主意行事，势必天下大乱。于是为了统一思想，大家便推选出了最有贤能的人，以其所是为是、所非为非，而是非的标准最终以"天志"为准。这样，由天到天子，再到国君、乡长、百姓，所有人都同一是非，天下便能得治。这就是墨子的"尚同"思想。墨子在其论述中提出了一种独特的国家起源论，在这种理论的基础上，"尚同"与"尚贤"两相配合，构成了墨子针对时局的强国之策。

同一最重要

墨子的治国理念实际上与其"天志"思想是一致的，或者说"尚贤"与"尚同"是从"天志"中必然会推出来的政治思想。既然天有绝对的好恶意志与善恶标准，那么想要得到天的奖祐也就只有一条途径，即绝对地和"天志"保持一致。

独特的国家起源论

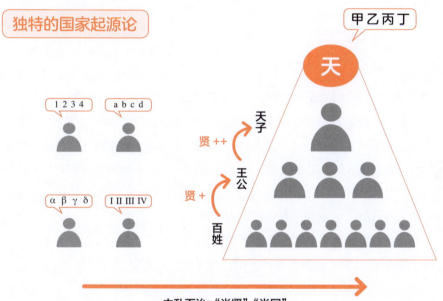

由乱而治："尚贤""尚同"

"尚贤"的方法

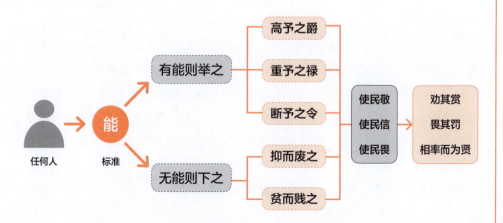

冲突只能用战争解决吗

墨子的"兼爱""非攻"思想

> 若使天下兼相爱，国与国不相攻，家与家不相乱，盗贼无有，君臣父子皆能孝慈，若此则天下治。
>
> ——《墨子·兼爱上》

乱之所起

如果说"尚同""尚贤"是在个体国家层面上的政治主张的话，那么"兼爱""非攻"就是天下各国之间应遵循的政治原则。在考察社会动荡的原因时，墨子认为除了众人的意志不统一之外，还有一点非常重要的原因，那就是"不相爱"。墨子说如果国家之间都只爱己国而不爱他国，必然会损他国而利己国；即便亲如父子，若只爱自己而不爱对方，也必然会父子相亏，各谋其利。这就是"不相爱"，墨子认为这就是"乱之所自起"。

"不相爱"这一祸乱的根源被查清后，墨子提出了"兼爱"这个命题。与儒家推己及人、由家而国的渐进路径不同，墨子在一开始就倡导"使天下兼相爱，爱人若爱其身"，因为"天之爱天下之百姓"，所以人要顺应"天志"，所有人彼此间都应该无差别地互爱互利。这种理想主义与儒家的仁爱思想形成了鲜明对照。从时代的角度来看，墨子的"兼爱"思想过于理想与超前，无法与当时乃至后来千余年的社会状况相适应，故而在现实中因不敌儒法之道而归于沉寂。

义与不义

杀一人为不义，攻一国却称义，这种吊诡之事在墨子看来就如"少见黑曰黑，多见黑曰白"一样荒谬。墨子认为义自天出，上天既然好生恶杀，那么与"兼爱"相应的就必然是"非攻"。墨子算了一笔账，他说因为夏暑冬寒不利于行军作战，所以打仗一般会选择春秋两季，然而春季打仗会耽误耕作，秋季打仗会耽误收成，只要荒废一季，等待百姓的就是饥寒冻馁之苦。再加上战争会消耗各种人力物力，最终"计其所得，反不如所丧者之多"。所以墨子认为，仅从利益的角度来看，"非攻"也应成为与他国相交的金科玉律。

爱人之道

墨子虽然也使用仁义二字来阐述自己的哲学思想，但墨子之仁义与孔子之仁义是截然不同的。简单来说，儒家的仁义是从个人德行扩展为家庭伦理再推演到国家政治，而墨子的仁义直接以天为始，以天下百姓为终。

兼与别

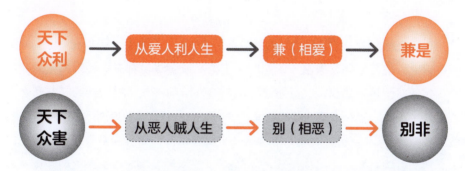

墨子认为，天下间的灾害都是由人与人彼此残害造成的，而利益则都是因人与人互爱互助带来的，由此就能十分清楚地判断出"兼相爱"是对的，而"别相恶"是错的。

儒墨之别

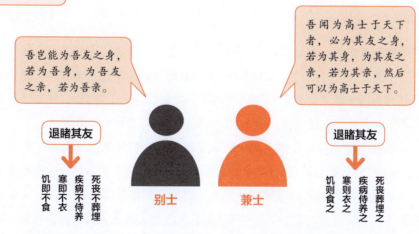

墨子虽未直接以"别"指代儒家思想，但是他认为儒家所讲的有差等的爱不可避免地会导致"别相恶"，而唯有像爱自己那样无差等地爱所有人，天下才能真正太平。

正义和利益总是矛盾的吗

墨子的功利主义思想

> 若事上利天，中利鬼，下利人，三利而无所不利，是谓天德。
>
> ——《墨子·天志下》

📖 义即是利

在儒家思想中，义与利之间的关系是很微妙的，两者有时可以相等，有时又根本对立，究其原因，或在于儒家哲学中的义或多或少都有一种形而上的超越性。然而对于墨子来讲，义并不是一种高高在上的理念，墨子认为义与利在本质上是一致的。如墨子以"器"称义，认为义总是有其实际用处。在《墨子·耕柱》中，墨子以"利民""利人"为义的定义，认为"所为贵良宝者，可以利民也，而义可以利人，故曰义天下之良宝也"，当这种良宝用于国政之时，则"人民必众，刑政必治，社稷必安"。

事实上在墨子看来，不仅仅是义，人的所有道德品行都是以利为核心与目的。墨子说"上利天，中利鬼，下利人"，天、鬼、人皆有所利，便能成就"天德"，所谓的圣知、仁义、忠惠、慈孝等善德善行也都是从利而来。

📖 天下公利

纵观墨子思想，不论是"天志""明鬼"还是"兼爱""非攻"，究其现实目的，无不是以现实的社会民生为核心的，而在社会民生的众多方面中，墨子最关注的还是普通人的实际利益。所谓"兴天下之利，除天下之害"，就是让百姓都能各得其利；百姓安居乐业，社会上的种种灾祸便会自行消亡。

虽然目的是让百姓各得其利，但是在得利的手段与方法上却有"兼""别"之分。如果以"别"的方式，那么所有人都为自己谋利，为自己谋利必然会损害他人的利益，所以最终的结果必然是无人得利。但如果以"兼"的方式爱人如己，为他人谋利就如为自己谋利一样，则自然我为人人、人人为我。所以，墨子认为"兼相爱，交相利"是实现百姓各得其利、各安其所，进而使天下得治的最好的手段与方法，而"天志""明鬼"就是这一手段与方法的理论基础与保障。

墨家思想的天人观

如果说儒家思想中的天人关系是以德行贯通的，那么墨家思想中的天人关系就是以利益贯通的。不过墨家思想中的利益并不是简单的个人私利，而是以上天意志为主导的所有生民的共同之利。

顺天之意

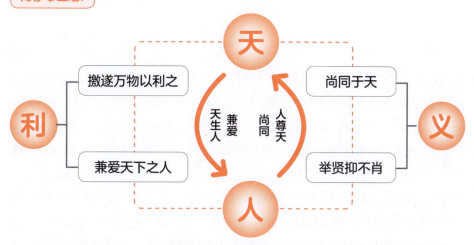

墨子认为，上天列日月星辰、序四时风雨、养鸟兽草木，目的都是为了"使民得而财利之"，上天兼爱生民的意志应该被人认识并继承，并且以此为绝对的原则。

殊途同归

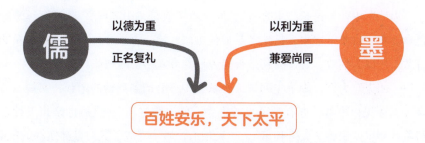

尽管儒墨两家互有批评，但两家都是重视现实的社会民生的思想学派。不论是重德还是重利，其哲思的最终指向都是一种政治目的，即国家富强、社会和谐、人生美满。

判断真假的标准是什么

墨子的"三表法"

然今天下之情伪未可得而识也，故使言有三法。三法者何也？有本之者，有原之者，有用之者。

——《墨子·非命中》

言必立仪

使概念得以确立并具有稳定性，同时防止由概念的差异而导致的思想混乱，这是墨子在认识论方面所关注的一个核心问题。墨子称"言必立仪"，就是要为人的认知与由认知产生的概念、知识确立一个仪则、标准，这种标准就是"三表法"。

"三表法"是墨子的一个十分重要的认识论思想。墨子说人的认知正确与否要从三个方面来检测，即"本""原""用"。"本"是"本之于古者圣王之事"，即要以史书上记载的古代圣王的事迹为标准；"原"是"原察百姓耳目之实"，即以百姓切实的所见所闻为标准；"用"是"废（发）以为刑政，观其中国家百姓人民之利"，即用实践的方式检验其能否为百姓带来利益。从过去的历史记载到当下众人的认知，再到以实践进行验证，墨子的"三表法"思想兼顾了认知的时间性与实践性两个方面，在两千多年前是十分难得的经验主义认识论。

凡事看效果

功利主义是墨子思想的显著特色，这种特色在其"三表法"中也同样明显。在"三表法"中，不论是"本之者""原之者"或是"用之者"，都没有丝毫的抽象色彩。本于古圣王之事，是参考其如何为政；原于百姓耳目，是考察大众的生活日常；用以为刑政，是检测其是否能为百姓带来切实的利益。

以"明鬼"为例，墨子先列举《春秋》中王公遭遇鬼神的记载，又说"自古以及今，生民以来者，亦有尝见鬼神之物，闻鬼神之声"，最后称祭祀鬼神是先人得飨、乡里同乐的"天下利事"。三表相洽，墨子完成了其对鬼神实存的证明。

墨子虽立三项标准来检验人的认知，但这种检验并未将认知导向抽象的知识体系，而是导向了现实的具体实践，这可以说是墨子认识论的特色所在了。

是非利害之辨

墨子之所以提出"三表法"，就是为了辨别是非利害，让人们的认知有统一的标准可循，这是其"尚同"思想在认识论方面的一种表现。同时，"三表法"作为认知的统一标准，其目的是为求得百姓之利，这便也有了"兼爱"的思想内涵。

明辨之说

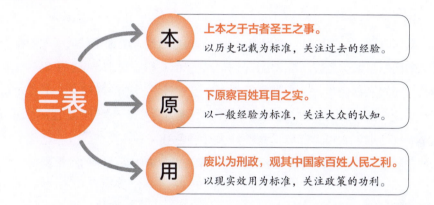

三表

本 上本之于古者圣王之事。
以历史记载为标准，关注过去的经验。

原 下原察百姓耳目之实。
以一般经验为标准，关注大众的认知。

用 废以为刑政，观其中国家百姓人民之利。
以现实效用为标准，关注政策的功利。

虽然从哲学的视角来看，墨子的"三表法"具有很高的认识论意义，但墨子提出这种明辨是非利害的标准的直接目的还是为了辅助其"兼爱""尚同"等政治目的的达成。

三表之间的关系

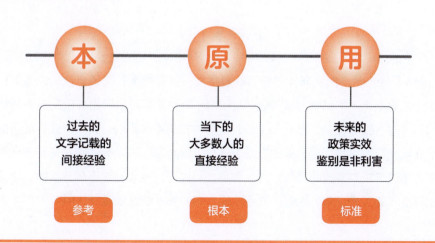

本 过去的文字记载的间接经验　参考

原 当下的大多数人的直接经验　根本

用 未来的政策实效鉴别是非利害　标准

谁说中国人不讲逻辑

世界三大逻辑体系之一的墨辩逻辑

辩也者，或谓之是，或谓之非，当者胜也。

——《墨子·经说下》

📖 为什么要辩

战国时期，百家论辩，如何让自己的理论胜过别人的理论就成了人们要着重研究的问题。墨子之后，墨家学派虽有分化，但在核心观念与思想上仍然以墨子为准。经过长期的发展，后期墨家学派在墨子哲学理论的基础上，丰富并完善了认识论与逻辑思想。在《墨子》一书中，《经上》《经下》《经说上》《经说下》《大取》《小取》六篇（合称《墨经》）集中地阐述了这些思想，并构建起了与古希腊逻辑学、古印度因明学齐名的古代世界三大逻辑体系之一的墨辩逻辑。

📖 辩什么

《墨子·小取》是这样阐述"辩"的："夫辩者，将以明是非之分，审治乱之纪，明同异之处，察名实之理，处利害，决嫌疑焉。"意思是说辩论的目的在于分清是非、审察治乱、搞清同异、考察名实、断决利害与解决疑惑。由此可见，墨家学派所"辩"之对象基本涵盖了自然事物与社会生活的方方面面。更重要的是，墨家学派认为真理有其独立的客观性，因而是可以辩明的。

📖 如何辩

在讲完"辩"的对象与目的后，《墨子·小取》随后就说明了"辩"的方法："摹略万物之然，论求群言之比。以名举实，以辞抒意，以说出故。以类取，以类予。有诸己不非诸人，无诸己不求诸人。"意思是说，辩论者应先对事物的真实情况有大致的认知，然后去了解有关该事物的不同论断；进一步要以恰当的概念正确地反映事物，用清晰的言辞表达自己的判断，以充分的推理论证自己的判断；不论形成判断或是进行推理，都要使用同类的概念；对于同类事物，双方都认同就不能互相反对，如有一方不认同，另一方不能强求对方认同。

中国最早的逻辑体系

战国时期是百家争鸣的时代，其中不乏诡辩之士以种种名辩理论混淆大众视听，这导致了思想意识方面的混乱，进一步便会引发社会的动荡。为了维护社会的稳定，各学派纷纷立说，而只有墨家学派最早构建起一套完整的逻辑体系。

名实关系

所以谓，名也　　　　　　　　　　　　　所谓，实也

概念 ——以名举实 / 反映事物属性—→ 事实

达：有实必待文多也命之。

类：若实也者，必以是名也命之。

私：是名也，止于是实也。

《墨经》将概念分成三种，即"达""类""私"。"达"是最高层级的类概念，如"物"这一概念就包含了所有事物；"类"是一般的类概念，比如"马"这一概念就是"类"，白马、黑马都是"马"；"私"是指个别概念，单指具体的个别事物，如以某一名字称呼某个人。

判断与推理

辞（判断）		说（推理）	
尽	"莫不然"：全称判断	效	演绎推理
		辟	譬喻说明
或	"不尽也"：特称判断	侔	直接推理
		援	援例论证
假	"今不然"：假言判断	推	综合推理
以故生，以理长，以类行			

第四章
道家学派

什么都有"道"，但"道"是什么

把"道"当作最高本体的老子

道可道，非常道。名可名，非常名。

——《道德经》

📖 老子与《道德经》

关于老子其人，人们普遍认为他姓李名耳，是一位早于孔子的哲学家，同时也是道家学派的创始人。他曾为周朝史官，后来因看到了周朝的衰落而萌生退意，在出函谷关时被关令尹喜挽留，老子遂写成五千言的《道德经》。

上说出自《史记·老子韩非列传》，但根据学者研究，老子虽然确有其人，但《道德经》并非老子亲著的作品，其成书时间应于庄子之后。鉴于《道德经》确实记载了老子的部分哲学思想，故我们仍以老子为这些观点的提出者。

📖 新的本体

从哲学的角度来看，老子的哲学思想在先秦时期是极具革命性的，这样说的原因在于，与其他诸子仍因袭周人传统，以天为至上观念与万物本原相比，老子第一次将道确立为哲学的最高范畴。老子说"人法地，地法天，天法道，道法自然"，意思就是说道是世间万物的最高本原，其他存在都要效法它。道没有其他更高的效法对象，而只是以自身为根据。

老子说"有物混成，先天地生"，即是说道是先于天地的存在；"寂兮寥兮，独立而不改，周行而不殆"，意思是道不依靠外因、外力而能永恒地循环运行；"可以为天下母"，即道可以生成万物；对于这样的存在，语言根本无法描述，只能勉强以"道"来命名，以"大"来形容。

道家学派的最高本体

"道"的本义是人走的道路，后引申为"途径""方法"的意思，这种引申让道有了规律与普适的内涵。周人所言的天本已含有了道的意味，《道德经》则进一步将之提炼出来，让道在具有规律义的同时也具有实体义。

作为实体的道

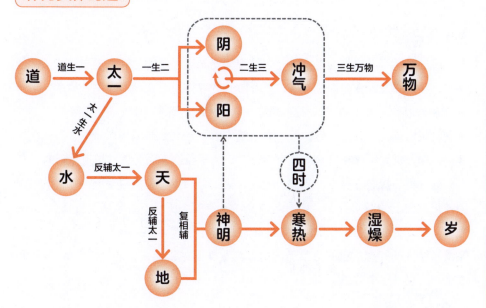

上图是一个解释"道生万物"的拓扑图，上半部分出自《道德经》，下半部分出自《太一生水》。通过这幅拓扑图，我们可以清晰地看出道家学派的宇宙创生图景。

作为规律的道

万物既然是道生出的，便必然要遵循道的规律，而"道"的规律就是不断地向事物自身相反的方向发展。《道德经》说"大曰逝，逝曰远，远曰反"，就是这个意思。

因为太倒霉了，所以会走好运
老子的朴素辩证法

故有无相生，难易相成，长短相较，高下相倾，音声相和，前后相随。

——《道德经》

依存与转化

通过对世事与自然的观察，老子发现彼此矛盾的事物之间总要相互依持才能存在，并且在发展变化的过程中，原本矛盾的双方总会朝向对方进行演变。老子说"有无相生，难易相成，长短相较，高下相倾，音声相和，前后相随"，这些概念成对出现，失去了一方，另一方也就失去了意义。双方虽然矛盾，但失去一方，另一方也无法存在，这就是对立统一，老子在这方面的思考是很深刻的。

进一步分析老子观点，我们会发现，除了存在意义上的对立统一外，老子也讲转化意义上的对立统一。比如老子说"祸兮福之所倚，福兮祸之所伏""正复为奇，善复为妖"，即认为本来彼此对立的双方必然地会互相转化，不会恒久地停留在原来的状态。世间万物无不向着其对立面进行转化，老子所说的"反者，道之动"就是这个意思。

老子的价值观

既然世间万物都要按照道的规律向着自身的对立面进行转化，那么人该如何作为呢？老子通过对自然的细致观察提出了自己的观点。老子看到植物在生长的过程中，其幼苗总是柔弱的，但却能逐渐成长、壮大，而当其强大之后便会走向死亡，最终枯槁。老子认为植物如此，人事如此，世间万物皆如此。所以，只有尽量保持在一种柔弱的状态，才能避免衰亡的结局。

当老子说"知其雄，守其雌""知其白，守其黑""知其荣，守其辱"时，老子哲学思想中的价值倾向也就显现了出来。既然矛盾对立的双方会互相转化，那么人就应该尽可能处在一种由不好向好的转化趋向中。即便了解什么是雄壮、光彩、荣耀，为避免势极而反，也应该保持在雌柔、暗昧、卑辱的状态中。老子作为道家学派的创始人，其贵柔守雌的思想也成为后来道家学派的价值取向。

正反之辩

老子在揭示矛盾的双方总是彼此依存的同时，也指出了事物总是朝着与其目前状态相反的方向发展，这是对《易经》及春秋早期已有的辩证思想的扩展与深化。同时，老子也在论说其辩证思想的过程中表明了自己贵柔守雌的价值取向。

有与无

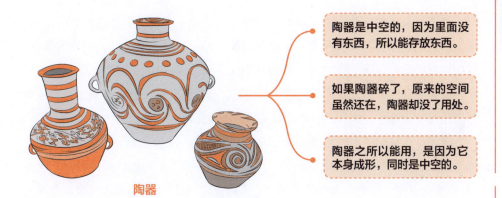

陶器是中空的，因为里面没有东西，所以能存放东西。

如果陶器碎了，原来的空间虽然还在，陶器却没了用处。

陶器之所以能用，是因为它本身成形，同时是中空的。

陶器

老子以陶器为例，他说"埏埴以为器，当其无，有器之用"，同时又说"有之以为利，无之以为用"，可见"有"之用在于"无"，而"无"之可用在于"有"。

柔弱胜刚强

老子说水是天下间最柔软的，但却能攻克最坚硬的东西。同样，生命在初生之时都是柔软的，但在死后却是僵硬的。据此，老子认为与刚强相比，柔弱才是好的、有力量的。

水滴石穿

谁说知识越多越有智慧
老子排斥感性认知

> 致虚极，守静笃，万物并作，吾以观复。
>
> ——《道德经》

📖 益与损

老子认为人的认知能力可以分为两种，一种是关于现实的经验世界的认知，即人的感性认知；另一种是关于最高的道的认知，这种认知是一种玄妙的体悟。对于这两种认知，老子说"为学日益，为道日损"，即学习知识的方法是让感性经验每天都有所增加，而体悟大道的方式是让感性经验每天都有所减少，当减少到"无为"的时候，就可以与大道相契而"无为无不为"了。

老子虽然说明了人的两种认知方式，但在择取上，老子十分明显地表现出对感性认知的排斥和对体悟大道的推崇。老子毫不掩饰其对感性认知的批评，他说"五色令人目盲，五音令人耳聋，五味令人口爽"，意即过多的感性经验只会对人的身心造成伤害，这与老子贵柔守雌、重生恶死的价值取向是相违背的。因此，老子才倡导"为道"，"损之又损，以至于无为"，以此体悟大道而成为圣人。

📖 心是一面镜

因为人的感性认知始终是向外的，所以极容易以欲望的形式被外物牵引，使自身陷入盲目与被动的境地，从这一角度来讲，由感性认知带来的感性经验其实是人心在体悟大道上的障碍。老子说"涤除玄览，能无疵乎"，意思是将人的心比喻为一面镜子，只有将镜子上的污垢擦拭干净，才能映现大道。

那么要怎样做才能将心灵这面镜子擦拭干净呢？老子给出了这样一套方法："致虚极，守静笃，万物并作，吾以观复。"既然人会因为欲望的勾牵而盲动，那么首先要做的就要让人心从欲望与盲动中沉静下来，不去寻求或评判，而只是纯然地观察万物。只有这样真实地看到了万物，万物的本质才会呈现，同时自己也会因此而复归于自己的本质之中，这才是万事万物的本然状态。达到这一状态才能称为"明"，也就是真正地体悟了大道，并与大道同行。

求道之法

在老子看来，感官经验的累积对体悟大道不仅没有帮助，反而是一种阻碍，因为大道不可能从外在的经验世界中求得，甚至"其出弥远，其知弥少"。真正的求道之法不必出户窥牖，只要虚静观待即可。

外界的干扰

| 五色 令人目盲 | 五音 令人耳聋 | 五味 令人口爽 | 驰骋田猎 令人心发狂 | 难得之货 令人行妨 |

与道玄同

和其光
（平和其光耀）

同其尘
（混同其尘世）

挫其锐
（挫去其锐气）

解其分
（解除其纷扰）

塞其兑
（塞堵嗜欲的孔窍）

闭其门
（关闭嗜欲的门径）

老子认为，想要体悟大道，必须要减少与外界的交流，甚至要与外界相隔绝，然后将自己的种种个性与情绪消解掉，进而与万物相混，这便能与大道玄同了。

现代人真的比原始人更幸福吗

老子的政治与人生哲学

> 我无为而民自化，我好静而民自正，我无事而民自富，我无欲而民自朴。
>
> ——《道德经》

▣ 批判的声音

同处于变革的时代，老子与孔子都看到了社会现实的混乱状况，也都提出要回到"过去"的政治主张，但相比于孔子想要回到"周礼的时代"，老子要回得更远。老子对周礼持有一种强烈的批判，他称"礼者，忠信之薄而乱之首"；而主流社会所倡导的种种道德价值，实际上也都是对大道的悖反，所谓"大道废，有仁义；慧智出，有大伪；六亲不和，有孝慈；国家昏乱，有忠臣"。

老子用其辩证思想看到了人们所推崇的礼法道德与糟糕的社会状况是相辅相成的，人们越是崇尚仁义忠孝，就越能凸显出社会的混乱不安。与其分为两极，不如任其自然，让"道法自然"这一命题在社会人生层面上现实化，所以老子从国家治理与为人处世两个方面给出了如何效法自然大道的方法，这两方面构成了老子的政治哲学与人生哲学。

▣ 理想的状况

在国家治理方面，老子提出了"小国寡民"的政治理想。在这种国家形态中，人们能够安居乐业，虽有种种精良器具与舟车兵甲，但人们却不会使用它们；国与国之间虽然能听到彼此鸡犬之声，百姓却从不互相往来。想要达成这样的理想，国家的统治者就要实行老子所说的圣人之治，让百姓"虚其心，实其腹，弱其志，强其骨"，从而"无知无欲"。

在个人修养方面，老子树立了圣人的标准与境界。与儒家修德而成圣的修养方式不同，老子认为成为圣人的唯一途径就是遵循大道，"孔德之容，惟道是从"，遵循大道就是最伟大的德行。既然大道让世间万物正反相成，所以人在作为时也要随顺这一规律，"图难于其易，为大于其细"，在事物的转化发展过程中做到"慎终如始"，如此"则无败事"。

另一种态度

事物之间的正反相成与互相转化让老子有足够的理由去走一条与有周以来的文化传统截然不同的社会人文之路。在对"天之道"与"人之道"做出精准的剖析后，我们就不难理解崇尚大道的老子为何会选择这样一条"无为无不为"之路。

天人二道

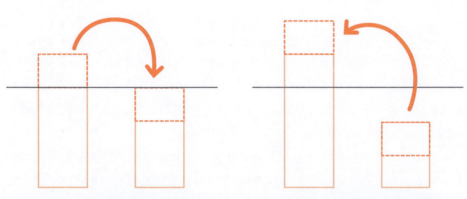

天之道，损有余而补不足　　**人之道，损不足以奉有余**

老子对于"天之道"和"人之道"的洞察是很深刻的，正因为人总是"损不足以奉有余"，才让人事物有了高低贵贱之分，由此而产生了种种纷争。只有从"人之道"转向"天之道"，使万事万物与道相同而无差别，才是最好的存在状态。

老子有三宝

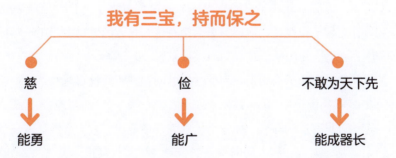

根据"反者，道之动"的原理，老子提出了"慈""俭""不敢为天下先"三种保生成事之法，随顺则生，逆反则亡。

在哪里能找到"道"

庄子对"道"的新解释

夫道，有情有信，无为无形；可传而不可受，可得而不可见；自本自根，未有天地，自古以固存；神鬼神帝，生天生地。

——《庄子·大宗师》

📖 自本自根

庄子名周，是战国中期宋国蒙人，与孟子同时代，《史记·老子韩非列传》称"其学无所不窥，然其要本归于老子之言"。作为道家学派的另一重要代表，庄子在继承老子道论思想的基础上，从个体的生命境界层面对人应如何得道做了更深入的讨论。

庄子继承了老子的观点，也将道视为万事万物的本原，他称道是"自本自根，未有天地，自古以固存"，是不依靠任何其他事物的独在与先在；同时，道"神鬼神帝，生天生地"，意即万物的存在与功能都凭借并来源于道。在将道确立为天地万物之本原的基础上，庄子进一步对道的存在形式做了说明。他认为既然万物都是由道生出的，那么万物也就自然地内含着道，所有的事物都体现着道。

📖 道无所不在

老子对道的论述主要是从生成与规律的角度来谈，庄子则更侧重于从存在的角度来论道。在《庄子·知北游》中，东郭子问庄子道在哪里，庄子回答说道是无所不在的。东郭子让庄子必须指出一个道存在的地方，于是庄子说道在蝼蚁。这个回答让东郭子很诧异，他问道怎么会在这么卑微的事物上，庄子却回答说道在稊稗、在瓦甓、在屎溺，这样的回答让东郭子无言了。

庄子认为，东郭子询问道在何处这样的问题其实并没有触及道的本质。既然天地万物都是由道而生，那么道要么就不可能在某一个具体的地方，要么就没有任何一个地方没有道的存在。就像老子勉为其难地用"大"来形容道一样，庄子说"至道若是，大言亦然，周遍咸三者，异名同实，其指一也"，意思就是至道只能用最大的概念来形容，像"周""遍""咸"三者名称虽异，但指的都是道。

道在物中

从老子到庄子，道作为道家学派的最高哲学范畴，其内涵的核心由生成义转向了存在义。在庄子的哲学思想中，道不仅是生天生地的本原，同时也是一切存在的本体，道就在万物之中。

从生成到本体

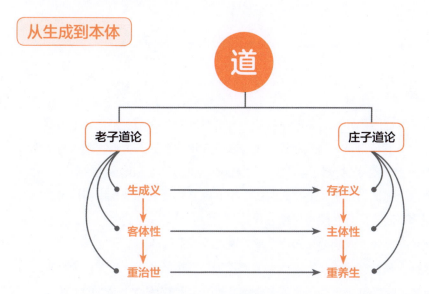

道

老子道论	庄子道论
生成义 → 存在义	
客体性 → 主体性	
重治世 → 重养生	

关于道的体认，老子与庄子的思想是较为统一的，二人都认为道是万物的本原，但是在论述的角度上，老子侧重于从生成的角度来讲，而庄子则侧重于从存在的角度来讲，这也是二人道论思想不同的节点所在。

齐一于道

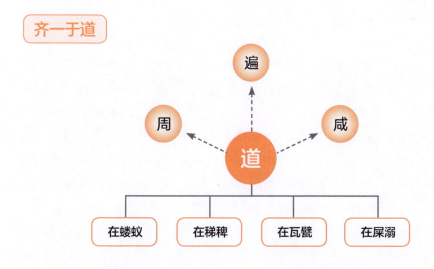

遍

周　　　咸

道

在蝼蚁　　在稊稗　　在瓦甓　　在屎溺

人能获得绝对正确的知识吗

庄子的相对主义思想

> 物固有所然，物固有所可。无物不然，无物不可。故为是举莛与楹，厉与西施，恢恑憰怪，道通为一。
>
> ——《庄子·齐物论》

标准何在

人对于事物的认知是否是对事物的一种客观反映？这是一个认识论问题，对这个问题的回答若为是，则人能构建出有效的知识体系；若为否，则人根本无法认识这个世界。对于这个问题，庄子认为，人对世界的认识需要一个统一的标准，然而这个标准是不存在的，因为每一个人都有自己的标准，而不同事物间的标准也完全不同，所以在这种"彼亦一是非，此亦一是非"的情况下，是非判断根本无法统一，想要正确地认知这个世界也就根本不可能了。

甚至在人是否有认识能力这一点上，庄子也提出了怀疑。庄子认为做梦的人并不知道自己在做梦，更何况是在梦中继续做梦；只有获得大觉悟的人才能真正从梦中清醒过来，觉察这一切不过是梦。然而真正能从大梦中清醒过来的人少之又少，更多的只是"愚者自以为觉，窃窃然知之"。

以道观物

由于事物之间的标准是相对的，所以如果以某一事物的标准去对另一事物做判断，那么该判断就无法真实反映该事物。庄子列举了三种无法正确判断事物的方式——"以物观之""以俗观之""以差观之"，意思是说用事物来比较事物，必然会以一方为好，以另一方为差；以一般世俗的角度来判断，则判断的标准与所判断的事物无关；以事物之间的差别来判断，那么对"大"而言，万物皆"小"，同样对"小"而言，万物皆"大"。这三种判断方式都无法呈现事物的真实状态。庄子认为，只有一种判断方式可以真实地反映事物，那就是"以道观之"。道存在于事物之中，是事物存在的根据，因此小草与梁柱、丑妇与美女、各种稀奇古怪之事，在道的层面都是无差别的，这就是"道通为一"的意思。

齐物之道

　　既然万物本来与道相通，那么再向外去寻找一个统一的认知标准的行为在庄子看来就是一种劳神之举，因为这种标准在不同的事物之间根本无法统一。庄子认为人应该从一己之见中超越出来，从道的角度看到万物的一体性。

成与毁

从木料的角度看，木料制成桌子是一种"毁"。

从桌子的角度看，木料制成桌子是一种"成"。

从道的角度看，"凡物无成与毁，复通为一"。

　　庄子认为，就同一事物而言，从不同的角度与立场必然会得出不同的结论，而不同的结论之间也无法决出是非对错。从道的角度来看，万事万物都统一于道，没有是非成毁之别。

庄周梦蝶

　　《庄子·齐物论》最后记载了"庄周梦蝶"之事，文中说"周与胡蝶，则必有分矣，此之谓物化"，意思是道生万物虽然各有分别，但是从道的角度讲，万物是一齐的。至于究竟是庄周梦蝶，还是蝶梦庄周，则既无可知，也不必知。

养生的秘诀就是远离是是非非
庄子谈养生

> 为善无近名，为恶无近刑，缘督以为经，可以保身，可以全生，可以养亲，可以尽年。

——《庄子·养生主》

■ 吾生有涯

人的生命自有其限度，在这一限度之中人应该做什么，这是哲学在实践领域中的一个核心问题。在《养生主》中，庄子开篇就说"吾生也有涯，而知也无涯，以有涯随无涯，殆已"，这是说人的生命是有限的，但是对外在事物的认知却是无限的，以有限的生命去做无限的认知，就会产生危险。如果理解了庄子对于人的认知与知识的态度，那么要明白庄子的这句话就很容易了。庄子认为"是亦一无穷，非亦一无穷"，人只要去认知这个世界，就会产生无尽的是是非非，如果人要以有限的一生去迎合无尽的是非的话，那就是在耗损、浪费自己的生命；从更根本的角度来说，这种生命状态是与道相背离的。所以庄子认为人在其有限的一生中，不应被外在是非所左右，而应向内与道相合，这才是养生之道。

■ 以静养神

庄子说"凡物无成与毁，复通为一"，意即物因与道通而无成无毁，人若想养生尽年，也要明白"夫大块载我以形，劳我以生，佚我以老，息我以死。故善吾生者，乃所以善吾死也"。在庄子看来，乐生恶死虽是人之常情，但同时也是人之迷惘。既然人由道而生，亦由道而死，那么独乐生而不乐死就显得十分奇怪，但如果领悟了大道造化的真意，"安时而处顺"，便能与道相合而得"县解"。

庄子所谓的养生，其实就是达到县解的功夫与过程，由此看见，相较于身体，庄子更重视精神，所以养神是庄子养生之道的核心。庄子提出"坐忘""心斋"等修养精神的方法。这些养神之法的核心在于使心神虚静，不仅要从外在的纷扰之中抽离出来，对于自我本身的种种思想欲望也要息止掉，这样才能进入"虚静恬淡寂寞无为"的境界之中，进而"虚室生白，吉祥止止"。

保身全生

祈求长生一直是道家与道教思想的一个特征所在，但是在庄子这里，他很少讲长生之道。庄子更在意的是"保身全生"，即在保护身体的基础上，养护自我的心性，以此证悟大道、得享天年。

无用之用

以为棺椁则速腐

以为舟则沈

以为器则速毁

以为门户则液樠

以为柱则蠹

栎社树

《庄子·人间世》中记载了一种"不材之木"栎社树，它极其高大，但匠人对它却不屑一顾，因为这种树是"散木"，什么都做不了。正因为栎社树不成材，所以其生命才如此长久。"材"是世人的标准，栎社树正因不迎合外在的标准，所以才能终其天年。

坐忘之道

忘仁义 > 忘礼乐 > 坐忘 — 堕肢体 / 黜聪明 — 离形去知 → 同于大通

在《庄子·大宗师》中，庄子借孔子与颜回之口道出了坐忘之法。颜回称自己的进步开始于忘掉仁义，进而忘掉礼乐，最终忘掉了身体与觉知，而与大道万物相通。庄子认为，只有忘记或放下外在的标准以及内在的认知，人才能领悟大道，保身全生。

有条件的自由还算自由吗

庄子阐述何为绝对自由

若夫乘天地之正，而御六气之辩，以游无穷者，彼且恶乎待哉？故曰：至人无己，神人无功，圣人无名。

——《庄子·逍遥游》

📖 相对与绝对

在《庄子·逍遥游》中，庄子借由大鹏与斥鴳讲述了小大之辩。庄子说大鹏这种鸟，其背脊如同泰山，展开的双翅仿佛能遮挡整片天空，它扶摇而飞，便能飞上九万里的高空。下面的斥鴳看着大鹏，说自己跳一下就能飞起来，飞的高度不过数仞，在蓬蒿之间飞来飞去，这便是极好的飞行了，那大鹏又要飞去哪里呢？大鹏与斥鴳各有自己的天性，也就各有自己的飞法，两者间有大和小的区别。

在庄子看来，大鹏与斥鴳虽然有大小的不同，但如果按其本性自由飞翔，则都可以获得相对的逍遥。说这种逍遥是相对的，是因为这种逍遥是"有待"的，即它需要外在的条件。想要获得绝对的逍遥，就要从有所待转变为无所待，即不依靠任何外界条件就能获得的绝对自由。这种自由就是将自我从条件的束缚中超脱出来，"独与天地精神往来，而不敖倪于万物"，这样就与大道合一了。

📖 超越对立

所谓有待于外在的条件，其实内含着一种对立的意思，这种对立是内与外的对立，也是人与世界的对立。这种对立可以以很多形态呈现出来，比较常见的是荣辱毁誉，即外界的是非判断。庄子说，即便是"举世而誉之而不加劝，举世而非之而不加沮"的宋荣子，也还是有内外荣辱之别，因此未从对立之中超脱出来；列子虽能御风而行，但也"犹有所待"。

对于庄子来说，最高的逍遥境界是无所待，是"无己""无功""无名"。这是一种超越了对立的自由境界，因为与大道万物相合，所以无己，这便超越了最根本的对立；自我既然已被超越，精神得到了绝对自由，自然不会再受功名的牵绊。《庄子·大宗师》所说的"安排而去化，乃入于寥天一"也是此意。

无条件的自由

道生养万物，同时也内在于万物之中，成为万物的自然天性，这既是自由的本质，也是自由得以可能的逻辑前提。人既然是天地万物之一员，自然也在本性中拥有这种无条件的自由。

不同之同

大鹏"抟扶摇羊角而上者九万里，绝云气，负青天"，此为"大"。

斥鴳"腾跃而上，不过数仞而下，翱翔蓬蒿之间"，此为"小"。

大鹏之"大"是道在大鹏身上的体现，斥鴳之"小"同样也是道在斥鴳身上的体现，两者只要顺从本身所内含的道，不论是翱翔于青天之上或是蓬蒿之间，都是"飞之至"。

从有限到无限

庄子认为，无条件的自由是道在人身上体现的最本质的属性。这种属性并非为人所独有，道所生出的天地万物也都有，所以人可以从有限的自我中超脱出来，达到"天地与我并生，而万物与我为一"的至高至真的境界。

第五章
法家学派

人民守法是因为害怕受罚吗
商鞅的法治思想

> 国之所以治者三，一曰法，二曰信，三曰权。
>
> ——《商君书·修权》

■ 重法轻礼

商鞅是前期法家的代表人物之一，他的思想以重刑法为主要特点。对于儒家以礼乐教化为主的政治主张，商鞅做了十分严厉的批判。商鞅将儒家学派的礼乐、诗书、修善孝悌、诚信贞廉、仁义、非兵羞战思想称为"六虱"，即六种会对国家产生危害的事情。如果国事以"六虱"为主导，便会出现"君之治不胜其臣，官之治不胜其民"的情况，国家必然衰亡。对此，商鞅主张要以刑法为重。商鞅认为"民众而奸邪生，故立法制为度量以禁之"，刑法一旦确立就要以刑法为准，只有"缘法而治，按功而赏"，百姓才会服从命令，国家才能得治。

■ 刑无等级

既然一切都要"缘法而治"，那么法的权威性就必须得以确立，为此，商鞅提出了"刑无等级"的原则。商鞅称"刑无等级"为"壹刑"，即不论受刑者的身份如何，都要依法论刑。商鞅说"自卿相将军以至大夫庶人，有不从王令，犯国禁，乱上制者，罪死不赦"，即便是有功于国或品德高尚之人，也不能"损刑""亏法"，而"必以其数断"。同时，商鞅认为用刑必须用重刑，不仅要对犯法之人用刑，其家族也同样要受刑，只有"重刑连其罪"，民众才不敢犯罪，如此就能辩证地达到虽有严刑但不用的"明刑不戮"的理想状况。

以"壹"治国

与墨子提出尚同思想的目的相似，商鞅也看到了统一对于富国强兵的重要意义，所以商鞅在从法家的立场来谈论君王治国之道时，也强调"壹"的重要性。"圣人之治国，审壹而已矣"，对君王而言最重要的，就是"壹"。

三个"壹"

壹赏则兵无敌

利禄官爵，抟出于兵，无有异施也。

壹刑则令行

有不从王令，犯国禁，乱上制者，罪死不赦。

壹教则下听上

坚者破，锐者挫，虽曰圣知巧佞厚朴，则不能以非功罔上利。

商鞅的三个"壹"主张，走的实际上是一种军事集权路线。商鞅将刑赏与教化全部与战争挂钩，在要求下级绝对服从上级的基础上，以军功作为主要的价值标准。

变法更礼

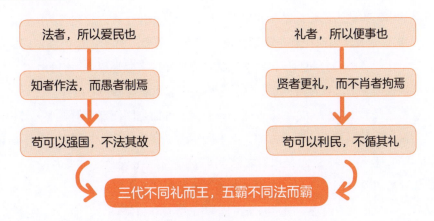

法者，所以爱民也	礼者，所以便事也
知者作法，而愚者制焉	贤者更礼，而不肖者拘焉
苟可以强国，不法其故	苟可以利民，不循其礼

三代不同礼而王，五霸不同法而霸

与儒家强调复礼不同，法家主张积极变法，商鞅认为更礼变法才是实现国家强大的唯一途径。

君王应该提防的是暴民还是权臣
申不害的术治思想

君设其本，臣操其末；君治其要，臣行其详；君操其柄，臣事其常。

——《申子·大体》

🔲 乱臣破国

申不害是战国时期郑国人，韩国灭郑之后，韩昭侯拜申不害为相，在申不害为相的十五年中，他"内修政教，外应诸侯"，致使"国治兵强，无侵韩者"。作为前期法家的代表之一，申不害在推行法治的同时也有自己的特色，这一特色就是重视名术。申不害认为，国家的危险不在于外部的敌人，而在于内部的乱臣。如果出现了"一臣专君，群臣皆蔽"的情况，那么国家就必然会走向灭亡，所以君王必须掌握御臣之术。

申不害继承了道家学派的一些思想，认为"善为主者，倚于愚，立于不盈，设于不敢，藏于无事，窜端匿疏，示天下无为"。同时，他还强调君王要集大权于一身，"操契以责其名"，君王不可事必躬亲，只需问责臣子是否做好与自己官位相符合的事务即可。

🔲 阴阳二术

既然申不害认为国家之乱不在民而在臣，所以相较于构建起完善的国家法律系统，申不害认为如何让君王掌握御臣之术更为重要。君王依据臣属不同的能力，给予他们各种名分和职位，并按照其名分与职位来监督检查他们的工作，以自己所操控的生杀之权作为威慑，这就是申不害名术思想的核心内容。

申不害将君王的御臣之术分成两个方面，一方面是因任授官的阳术，另一方面是潜御群臣的阴术。在阳术方面，申不害明确了君臣的分工与权责之别，所谓"君操其柄，臣事其常"，就是以君之无为而责臣之有为，这就是"循名责实"，用现代语言来讲就是绩效考核。在阴术方面，申子以"示人有余者，人夺之；示人不足者，人与之"的道理，明示君王虽执掌权柄但不可轻易示人，因为"刚者折，危者覆，动者摇"，只有装出柔弱不足的样子，才能"近者亲之，远者怀之"。

御臣以术

申不害认为，人与人之间其实是"智均不相使，力均不相胜"的，所以一国之君是一种很危险的身份，因为乱臣随时都有可能取而代之。君王想要保住自己的地位，就必须谨慎地使用自己的权力。

君王之危

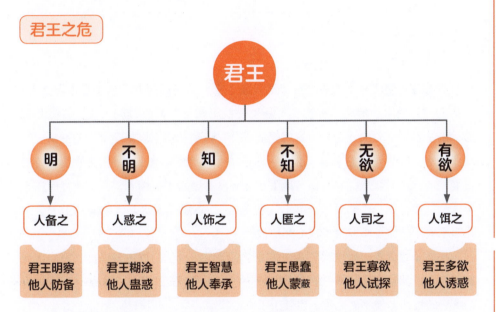

君王					
明	不明	知	不知	无欲	有欲
人备之	人惑之	人饰之	人匿之	人司之	人饵之
君王明察 他人防备	君王糊涂 他人蛊惑	君王智慧 他人奉承	君王愚蠢 他人蒙蔽	君王寡欲 他人试探	君王多欲 他人诱惑

不论君王是明君还是昏君，臣属都会有针对君王的计策，这就是君王所处的危险。

要在无为

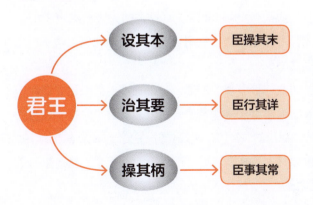

君王 → 设其本 → 臣操其末

君王 → 治其要 → 臣行其详

君王 → 操其柄 → 臣事其常

既然君王的一言一行都会让乱臣有机可乘，那么御臣之术最好的办法就是保持无为。君王的无为并不是无所事事，而是以其权柄让臣属服从统治，各尽其事。

知识就是力量？权力才是力量

慎到的权势思想

> 贤不足以服不肖，而势位足以屈贤矣。
>
> ——《慎子·重势》

贵势任法

慎到是前期法家学派重视权势的代表人物，司马迁因其"学黄老道德之术"而将之归为道家，但荀子称慎到"蔽于法而不知贤"而将其归为法家，由此可见，法家思想中多少还是有道家思想的成分。慎到从道家思想中事物相待而成的观点出发，以螣蛇飞龙为喻，说螣蛇飞龙之所以能游雾乘云，是因为它们相待于云雾，一旦云消雾散，它们便与地上的蚯蚓没有区别了。慎到提出"故贤而屈于不肖者，权轻也；不肖而服于贤者，位尊也"，意思是说人与人之间的上下关系并非取决于品德，而取决于权力和地位。

权势如此重要，所以国君必须想方设法地保护自己的权力与地位，慎到认为最好的方式就是"任法"。慎到对法的定义是"一人心"，即使人心统一，能使人心统一的法律即便不够完善，也胜于没有法律。

君臣之道

在慎到看来，所谓的君臣之道，就是君王如何保护自己的权势，同时以法律统治臣民的方法。这个方法必须以法治而不能以人治为核心。如君王以一己之心做诛赏予夺，那么受赏的人就会希求更多的赏赐，而受罚的人会希求更少的惩罚，因为赏与罚全凭君心而无标准。这就会导致同功殊赏、同罪殊罚的结果，人也会因这种不平等而生起怨恨之心。

慎到认为，法的意义在于树立一种客观的标准，这个标准的最大用处就在于"去私塞怨"。一切赏罚不依君心而出自法律，君王自然就能从赏罚纷扰中抽离出来，这也就是慎到所说的"大君任法而弗躬，则事断于法矣"。依靠法的作用，君王授予臣属以职能而不事事亲为，这样就可以"臣事事而君无事，君逸乐而臣任劳"，慎到认为这就是君臣之道。

治国之方

在治国方面，慎到并不看重统治者的贤能，而是看重其对权势的使用。因为国家安治的本质在慎到看来就是上役使下、下服从上，而其中起到决定作用的就是权势，所谓"贤不足以服不肖，而势位足以屈贤矣"，就是这个意思。

权势在君王

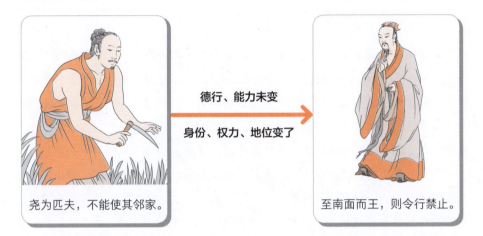

德行、能力未变

身份、权力、地位变了

尧为匹夫，不能使其邻家。

至南面而王，则令行禁止。

慎到以尧为例，认为王之所以为王，能役使人而不受人役使，原因不在于王之贤能，而在于王之权势。从"不能使其邻家"到"令行禁止"，变化的不是尧的德行与能力，而是他的身份、权力与地位。

权势在君王

君臣之道	
臣事事	君无事
臣任劳	君逸乐
臣尽智力以善其事	君无与焉，仰成而已

人君苟任臣而勿自躬，则臣皆事事矣

慎到认为人天生就有不同的才能，让有不同才能之人去做与其才能相适应的事情，就是君王治国最重要的事情，这也就是"君臣之顺""治乱之分"。

如何保证掌权者的绝对强大

韩非对法、术、势的综合

夫圣人之治国，不恃人之为吾善也，而用其不得为非也。

——《韩非子·显学》

📖 对前期法家思想的批判总结

韩非是韩国的公子，也是战国时期法家最后的理论家，法家思想在韩非这里最终成为一个完善的思想体系。在韩非之前，法家思想以商鞅、申不害和慎到为代表，分别产生了重法、重术、重势三种思想倾向。韩非认为此三者因只重视一个方面，所以都无法长久有效地使国家得到好的治理；只有将法、术、势三个方面统合在一起，国家才能因法治而真正地走向强盛。

韩非认为法令必须由官方制定，其核心是刑赏，其重点是严厉、公正，法是"臣之所师"，是臣民言行的标准所在。法度确立之后，就要有一种方法来确保法度能被严格遵守，这种方法就是术。术的核心是"循名责实"，韩非认为术能让君王"操杀生之柄，课群臣之能"。同时，法与术都离不开势，也就是君王独断专制的权力，唯有在绝对权力的保障之下，"处制人之势"，才能保证法与术的有效施行。这就是韩非法、术、势相统一的治国理论。

📖 自私的人性论

韩非之所以被称为法家之集大成者，除了他对前期的法家思想进行了批判与总结之外，还因为他为法家思想体系奠定了人性论的基础。他继承了其师荀子的性恶论，在此基础上，他认为人的本性就是"欲利之心"，谋求私利就是人所有行为的出发点。

既然人人都要谋求私利，那么所谓的人际关系其实就是利益关系。韩非认为，正因人有"欲利之心"，法家的法、术、势思想才能成立并有效施行。他说"人情者，有好恶，故赏罚可用，赏罚可用则禁令可立而治道具矣"，因为人的天性有好恶，所以赏罚就有了针对性，这样就能做到令行禁止，法家的治国之道也就能依此建立。与儒家重视人性之应然不同，法家重视的是人性之实然。

体系化的法家思想

韩非反思了商鞅、申不害与慎到所代表的三种法家思想派别的错误与不足，认识到了只有将法、术、势三者整合在一起才能真正保障法治的长久有效施行，因此韩非强调君王要重法、用术、贵势。

批判与整合

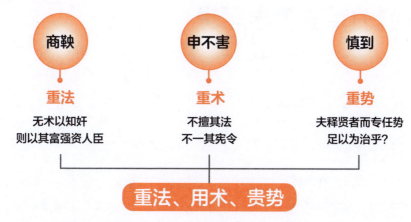

商鞅 —— 重法
无术以知奸
则以其富强资人臣

申不害 —— 重术
不擅其法
不一其宪令

慎到 —— 重势
夫释贤者而专任势
足以为治乎？

重法、用术、贵势

韩非认为商鞅重法不重术，结果不能辨察忠奸；申不害重术不重法，结果法令不能统一；慎到重势不重贤，则不足为治。只有将法、术、势有机地统合在一起，君王才能有效地依法治国。

五蠹之民

学者	称先王之道以藉仁义，盛容服而饰辩说，以疑当世之法而贰人主之心。
言谈者	为设诈称，借于外力，以成其私而遗社稷之利。
带剑者	聚徒属，立节操，以显其名而犯五官之禁。
患御者	积于私门，尽货赂而用重人之谒，退汗马之劳。
工商之民	修治苦窳之器，聚弗靡之财，蓄积待时而侔农夫之利。

在《韩非子·五蠹》中，韩非将五种人比作是国家的害虫，这五种人中既包含儒墨之徒，也有工商业者。韩非将这五种人称为"邦之蠹"，可见其批判态度之深切，韩非认为，君王如果不除此"五蠹之民"，国家就不可能变得强盛。

第六章
先秦时期其他的哲学思想

打仗也要讲哲学
孙武的军事哲学思想

兵者，国之大事，死生之地，存亡之道，不可不察也。

——《孙子·计篇》

■ 国之大事

　　孙武，春秋末期齐国人，是中国古代著名的军事家，有"东方兵学的鼻祖"之美誉，其军事哲学思想主要保留在《孙子兵法》十三篇中。孙武非常重视战争在国家事务中的地位，他认为战争是"国之大事，死生之地，存亡之道"，因此对于战争要持一种谨慎的态度。战争一旦开始，想要赢得战争的胜利就必须了解并应用战争中的要素与规律。对此，孙武提出了"五事""七计"及"兵者诡道"等思想。他认为战争中人心的向背、天时地利、将才兵法等对战争的胜败有直接影响；在用兵方面，孙武强调实虚正奇之间的辩证关系，认为只有"攻其不备，出其不意"，才是"兵家之胜"。

■ 知己知彼

　　孙武认为想要在战争中获胜，对敌我双方情况的了解是一个十分关键的前提条件。与当时重视祝卜的风气不同，孙武并不将战争的胜利寄望于鬼神的保佑，他强调"先知"，并认为这种"先知"并非来源于鬼神灵异，而是"必取于人"。所谓的"先知"也就是"知敌之情"，即要在战争开始前充分了解敌方实际情况。只有十分透彻地了解了敌我双方的实际情况，才能"百战不殆"；如果只是了解己方而不了解敌方情况，则胜负难以预料；倘若自己与敌方的情况都不了解，则"每战必殆"。

用兵之道

战争并不单单是武力的对决，其背后还有复杂的国内与国际因素。孙武看到了战争的复杂性，并认识到了相较于武力的强弱，隐藏于战争背后的一些因素才是决定战争胜败的关键。

战争五要素

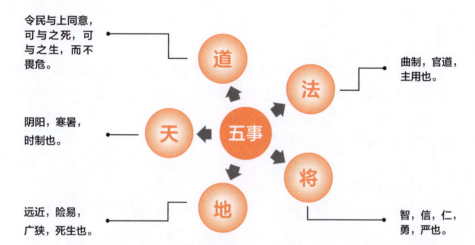

令民与上同意，可与之死，可与之生，而不畏危。—— 道

曲制，官道，主用也。—— 法

阴阳，寒暑，时制也。—— 天

五事

远近，险易，广狭，死生也。—— 地

智，信，仁，勇，严也。—— 将

《孙子兵法·计篇》中提出了影响战争胜败的五要素，"道"是指国内与国际的民心向背，"天"指时令气候，"地"指地理环境，"将"指将领的品格与能力，"法"指军队的组织结构。孙武认为"道"，即民心的向背，是战争五要素中最重要的。

军争之法

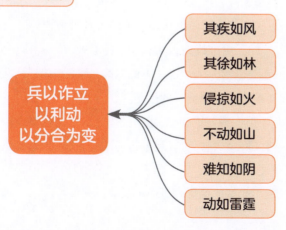

兵以诈立
以利动
以分合为变

其疾如风
其徐如林
侵掠如火
不动如山
难知如阴
动如雷霆

在战争过程中，军队的机动性是作战成败的关键所在。对于如何在不同的情况下调整部队，《孙子兵法·军争》中以风、林、火、山、阴、雷霆为喻，生动地说明了六种行军作战的方式。

什么东西最小同时又最大

《管子》中的精气论思想

凡物之精，此则为生。下生五谷，上为列星。流于天地之间，谓之鬼神；藏于胸中，谓之圣人。

——《管子·内业》

■ 新的世界本原

在先秦时期，关于世界的物质性本原的思考可被归结为三种理论形态，一种是阴阳说，一种是五行说，还有一种就是精气说。这种以精气为世界本原的思想见于《管子·内业》等篇，相较于阴阳说与五行说，精气说更侧重于从事物之间的统一性角度来阐发世界的本原。

《内业》篇认为构成这个世界万事万物的本原是一种极其精粹的精气，这种精气是构成事物的最小元素，"其细无内"的同时又充塞天地，故而"其大无外"。它下可为五谷，上可为繁星，流行于天地之间则为鬼神，藏之于人的内心中就能使人成为圣贤。由此看见，不论是物质现象还是精神现象，都是由精气构成、由精气变化的结果。

■ 修此而知彼

既然精气作为世界本原统一了物质现象与精神现象，那么人的认知行为同样也是围绕这种精气展开的。《管子·心术》上篇对认知行为进行了分解，划分出了"其所知，彼也；其所以知，此也"，即作为认知对象的客观事物"彼"与具有认知能力的认知主体"此"，"此"更准确的说法就是人的心智。《心术》上篇认为人并无法直接正确地认识客观事物，文中说"不修之此，焉能知彼"，意思是说想要正确地认识客观事物需要一个"修此"的过程。

至于为什么要"修此"以及如何"修此"，《心术》上篇走的是《道德经》中的认识论路线。该篇认为人的欲望会影响人对客观事物的认知，"嗜欲充盈，目不见色，耳不闻声"，所以必须要"洁其宫，开其门"，也就是要去除心中的种种私欲杂念，这样耳目等感官才能不受好恶的影响进而正确地认识事物。

新的世界本原论

在精气论之前，先秦哲学关于世界本原的探讨已经有了阴阳论、五行论、道论等理论形态，但这些理论或难以呈现统一性，或难以体现实体性。精气论的出现在很大程度上弥补了前者的不足，具有一定的理论价值。

精气生万物

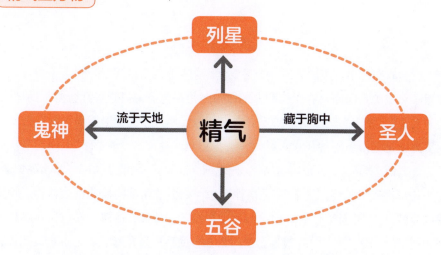

《管子·内业》篇认为，精气作为本原的客观实在，是人所不能操控，不以人的意志为转移的。人只能迎合它、持守它，这一过程能使人获得美德与智慧。

虚静一心的认识论

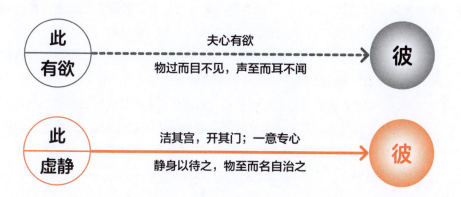

道理是越辩越清楚，还是越辩越糊涂
惠施与公孙龙的名辩思想

> 天下无指而物不可谓指者，非有非指也。非有非指者，物莫非指也。物莫非指者，而指非指也。
>
> ——《公孙龙子·指物论》

合同异

先秦时期哲学思想演进的一个重要侧面是对于名实关系的讨论。最早在孔子那里，名实关系问题具有比较明显的政治与伦理色彩，但随着社会变革的加剧，关于名实关系的讨论逐渐走向认识论与逻辑学，形成了先秦时期的名辩思想。

惠施是名辩思想的代表人物之一，他提出了这样一个命题："大同而与小同异，此之谓小同异；万物毕同毕异，此之谓大同异。"所谓"大同"是指属概念，如牛与草都属于生物；"小同"是指种概念，如牛羊属动物而花草属植物。种属的同异就是"小同异"。当事物被归为"存在"这种最大的属概念，所有事物就都相同，这就是"毕同"；当事物被归为各自的独一自在时，所有事物彼此都相异，这就是"毕异"。这种"毕同""毕异"就是"大同异"。在同与异中，惠施更侧重于从同的角度来看待万物，进而提出了"泛爱万物，天地一体"的命题。

离坚白

与强调"泛爱万物，天地一体"的惠施不同，战国时期名辩思想的另一代表人物公孙龙强调要从差别的角度来看待事物。公孙龙的名辩思想见于《公孙龙子》一书中，其中比较著名的命题是"白马非马"和"离坚白"。

从哲学的角度来看，"白马非马"与"离坚白"讨论的是一个事情，即事物属性与事物自身，或说人对事物的认识和事物自身是否具有统一性。以"离坚白"为例，坚硬是人的触觉对石头的感知，而白色是人的视觉对石头的感知，虽然人可以看着手里拿着的石头，但是坚硬与白色在认知上仍然是分离的，所以公孙龙认为人们可以说"坚石"或"白石"，但不能说"坚白石"，所谓的"离坚白"就是这个意思。

名辩的高峰

惠施与公孙龙代表了先秦名辩思想的两大脉络，惠施的思想主要体现在对事物相对性的讨论上，而公孙龙的思想主要集中在对概念的辨析上。两者的思想尽管受到了墨家后学与荀子的批评，但对先秦哲学的多样性却有很大贡献。

惠施十辩

至大无外，谓之大一；
至小无内，谓之小一。

无厚不可积也，其大千里。

天与地卑，山与泽平。

日方中方睨，物方生方死。

大同而与小同异，此之谓小同异；
万物毕同毕异，此之谓大同异。

南方无穷而有穷。

今日适越而昔来。

连环可解也。

我知天下之中央，
燕之北，越之南是也。

泛爱万物，天地一体也。

惠施并无著作流传于世，这里的十个论题出自《庄子·天下》，从这里我们能够看出惠施名辩思想的重点在于事物的相对性与差异性上。

白马非马

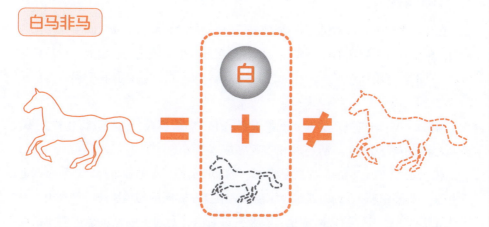

公孙龙的"白马非马"说认为白和马是两种不同的事物，两者共同构成了白马。白并不是马的固有属性，所以由白与马共同构成的白马不是马。

历朝皇帝都只穿一种颜色的衣服吗
邹衍的阴阳五行学说

是时独有邹衍，明于五德之传，而散消息之分，以显诸侯。

——《史记·历书》

📖 深观阴阳

阴阳与五行思想是先秦时期解释世界变化的两种理论模式，其源头可以追溯到西周时期。到了战国中晚期时，这两种理论模式逐渐融合，阴阳的此消彼长与五行的相生相克开始彼此关联起来。一个新的学派开始用阴阳五行思想来对世间万物与社会百态进行解释，这个学派就是阴阳家，其代表人物是战国末年齐国人邹衍。因其思想"迂大而闳辩"，故齐国人称其为"谈天衍"。

以阴阳消长来解释世界在西周时期就有，如周大夫伯阳父就曾以阴阳二气来解释地震发生的原因。邹衍对于阴阳理论的补充是他提出了"机祥度制"。所谓"机祥度制"是指与阴阳消长相应的祥瑞灾异以及求祥瑞避灾异的方法。在邹衍看来，阴阳消长是天道自然的体现，顺应则可得祥瑞，悖逆则必受灾异。这种将人事福祸与自然现象相对应的理论对汉代天人感应的哲学思想产生了极大影响。

📖 五德转移

在邹衍之前，五行学说主要是从物质属性的角度来解释事物之间生克转化的现象，其中并没有明显的社会属性。邹衍却在五行生克转化的基础上，将社会与历史发展的意蕴附加在了五行理论之上，这就是邹衍的"五德转移"说，也称作"五德终始"说。

邹衍认为，朝代更迭的模式就是五行的生克转化模式。他将五行化作五德，并以之前的历史做对应。五行的相克顺序是木克土、金克木、火克金、水克火、土克水，因此五德转移的顺序就是土德、木德、金德、火德、水德，然后再回返至土德。邹衍用这种理论模式解释了从黄帝到文王之间的朝代更迭。该理论一经问世就获得了帝王们的普遍重视，秦及其以后的各封建王朝无不是按照邹衍的"五德转移"说来"改正朔，易服色"。

神秘的历史观

　　邹衍将五行提升为五德，并认为朝代的更迭就是五德的转换，这种思想其实是周人"以德配天"思想的五行版本。如果说周人的历史观念中还有一种朴素的民本主义与人道精神的话，那么邹衍的"五德转移"则更多地表现出一种神秘性。

五行与五德

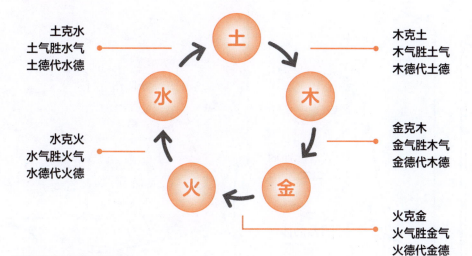

土克水
土气胜水气
土德代水德

木克土
木气胜土气
木德代土德

水克火
水气胜火气
水德代火德

金克木
金气胜木气
金德代木德

火克金
火气胜金气
火德代金德

从黄帝到秦始皇

天先见：
草木秋冬不杀
木气盛
其色尚青
其事则木

天先见：
火赤乌衔丹书集于周社
火气盛
其色尚赤
其事则火

黄帝

汤

秦始皇

天先见：
大螾大蝼
土气胜
其色尚黄
其事则土

禹

天先见：
金刃生于水
金气胜
其色尚白
其事则金

文王

天且先见
水气胜
其色尚黑
其事则水

　　邹衍认为，凡是朝代更迭之前，上天必然会降现五德中相应的祥瑞，以印证改朝换代之人的合理性。这种祥瑞灾异的思想在汉代得到了极大地发展，并为天人感应学说做好了铺垫。

第二部分

从继承到批判 : 秦汉时期的哲学思想

第一章
董仲舒的"独尊儒术"

出于怎样的哲学根据，国家必须统一

董仲舒确立天的最高地位

天者，百神之君也，王者之所最尊也。

——《春秋繁露·郊义》

📋 统一的社会环境

秦始皇虽然最终统一了六国，但其苛政峻刑非但未给新王朝带来和平稳定，反而引起了大规模的农民起义，使秦王朝至二世而亡。乱世之后重新实现统一的，是由刘邦建立的汉王朝。汉王朝初期的统治者们吸取了秦王朝覆灭的经验教训，以无为之治而得以休养生息，于是便有了"文景之治"。至汉武帝时，国家进入全盛时期，原来道家无为的政治思想已然不适用于国家的发展。为了保证社会与政治环境的稳定统一，思想上的大一统就成了时代要求。是时，董仲舒以"天人三策"进言汉武帝，得到了汉武帝的赏识与认同，遂有"罢黜百家，独尊儒术"。经过董仲舒改造的儒家思想由此成为中国封建王朝的官方主流政治哲学。

📖 一切归于天

确立一个绝对的神圣权威，为政治上的大一统提供理论依据，是董仲舒构建其儒学思想体系的首要工作。他承接了先秦时期的儒家传统，将天确立为最高的存在，同时他也综合了其他各家学说的精要，在儒家传统的基础上对天进行补充与改造。总体来讲，在董仲舒的哲学思想中，天主要有这样几个方面的含义，即本原义、至上义、创生义、法则义、道德义以及人性义。如果说先秦儒学仅将天作为一种理论悬设，其思想核心还是在于人性的伦理教化，那么到了董仲舒这里，天便被从幕后拉到了台前，如神祇一般地成为其全部思想的核心。

天在王先

当所有的权力全部集中于帝王一人身上时，国家的一切事物必然要唯帝王是瞻，如果没有更高的权威来对帝王进行限制，那么秦二世而亡的结局就会重演。面对乾纲独断的汉武帝，董仲舒在其"天人三策"中提出了天在王先的观点。

正王道

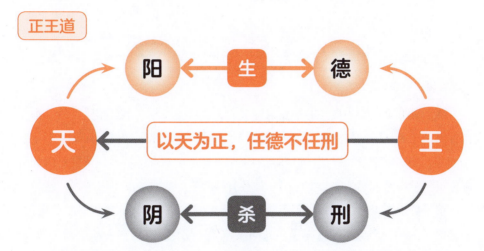

在"天人三策"中，董仲舒对《春秋》中"春王正"三个字做了主观解释，认为这三个字的先后顺序就表达了"上承天之所为，而下以正其所为"的意思，董仲舒以此劝诫汉武帝"王者承天意以从事，故任德教而不任刑"。

天的内涵

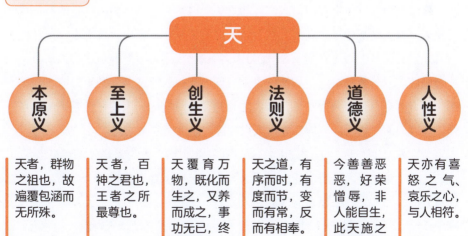

儒学是如何变成神学的

董仲舒对儒家思想的改造

天意难见也，其道难理。是故明阳阴入出实虚之处，所以观天之志。辨五行之本末顺逆小大广狭，所以观天道也。

——《春秋繁露·如天之为》

融阴阳五行于儒学中

既然确立了天作为最高的存在与标准，上至帝王将相，下至黎民百姓，都要信仰顺从于天，那么如何去了解天意就成了董仲舒接下来要回答的问题。对于这个问题，先秦儒学很少提及，但邹衍的阴阳五行之说却大谈特谈，董仲舒因此将阴阳五行学说融入儒学中，构造出一种具有神学色彩的儒学思想体系。

董仲舒说"天道之大者在阴阳"，他对阴阳的内涵与作用做出了详尽的说明。董仲舒认为阴与阳虽然相伴相生，共同参与天地化育，在地位上却是阳主阴次、阳尊阴卑。阳为德主生，阴为刑主杀，这样由阳与阴主导的事物变化就有了道德价值，董仲舒认为这正是人伦道德的来源。在阴阳的基础上还有五行相生相胜的规律，阴阳与五行相配，共同主导世间万物的运行变化，体现着天的意志。

人副天数与天人感应

天以阴阳五行化生万物，人在万物之中，自然先天具有阴阳五行的特征而与天相通，这就是董仲舒"人副天数"这一命题的基本内涵。具体来讲，董仲舒在其《春秋繁露》中的《官制象天》《为人者天》《人副天数》等篇中将人的自然与社会属性与"天数"对应，如他认为人有四肢，每肢有三节，共十二节，与天有四时，每时有三月，共十二月，两者之间是完全对应的，人就好像是天的副本一样。所以人的一切行为活动都要以天数为准，这才是顺天之道。

又因为人生于天，与天数相合，是天的副本，所以人与天是可以交相感应的，这就构成了董仲舒天人感应的思想。天与人的感应主要体现在两个方面，一是在性情方面，如人之喜乐怒哀与四时之气相应；二是在福祸方面，人若为善，天就降现祥瑞，人若作恶，天就会罚以灾异。这两方面都是在要求人顺应天的意志。

董仲舒的世界观

将阴阳五行之说融入儒家思想中，董仲舒的这一做法代表着儒家世界观的转向。经过董仲舒的改造，儒家思想的体量虽然有所扩大，但这种主观构造人与世界联系的做法也成为后来谶纬之学的滥觞。

天次之序

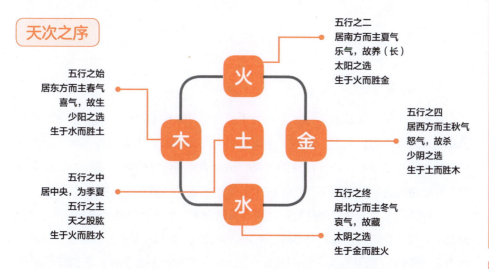

五行之始
居东方而主春气
喜气，故生
少阳之选
生于水而胜土

五行之中
居中央，为季夏
五行之主
天之股肱
生于火而胜水

五行之二
居南方而主夏气
乐气，故养（长）
太阳之选
生于火而胜金

五行之四
居西方而主秋气
怒气，故杀
少阴之选
生于土而胜木

五行之终
居北方而主冬气
哀气，故藏
太阴之选
生于金而胜火

董仲舒将五行顺序确立为木、火、土、金、水，提出了"比相生而间相胜"的说法，称其为"天次之序"，即天所规定的次序。同时，他还将阴阳、四时、四情、四行与五行中的木、火、金、水相对应，构建起一个循环往复、相生相胜的宇宙法则。

人是天的副本

人	天
人之形体	化天数而成
人之血气	化天志而仁
人之德行	化天理而义
人之好恶	化天之暖清
人之喜怒	化天之寒暑
人之受命	化天之四时
喜怒哀乐之答	春秋冬夏之类

教育就像把水稻变成米
董仲舒的人性观与道德哲学

天令之谓命，命非圣人不行；质朴之谓性，性非教化不成；人欲之谓情，情非度制不节。

——《汉书·董仲舒传》

▨ 性分阴阳

孔子提出了"性相近"说，但对性为善为恶并未明确说明。其后学将性分作道德之性与自然之性两种，遂有孟子人性本善与荀子人性本恶两种说法。董仲舒对人性的看法既没有走孟子的性善之路，也没有走荀子的性恶之路，而是走了阴阳五行之路，这和他融阴阳五行之说于儒学的做法是一致的。

董仲舒认为，天有阴阳两性，人作为天的副本，自然本性中也兼具阴阳二性，他说"天两，有阴阳之施；身亦两，有贪仁之性"，贪属阴而为人之恶性，仁属阳而为人之善性。又因为天"亲阳而疏阴"，并且阳为尊、为主导，阴为卑、为从属，所以人性也是以仁为主，以贪为次。董仲舒的这种人性观虽然不是儒学的正统观点，但他用阴阳思想也自洽地解释了人虽具善恶二性但也有向善的可能。

▨ 性禾善米

天赋予人仁贪二性并以仁为主、贪为次，并不意味着人就能自然而然地发挥自己的善性进而成为善人。在这里，董仲舒对善的潜在与善的实现做了明确区分。他说"性有善质，而为能善"，意思就是说人虽然天生具有善性，但这种善性是潜在的，而不会必然地成为现实的善。他做了一个"性禾善米"的比喻，善性好比水稻，善行好比米，从水稻到米并非一个自然过程，而是一个人工过程。

那么是由什么人来完成这一人工过程呢？董仲舒认为，只有承接天意的帝王才能以教化的方式让百姓的善性转变为善行。所谓"天生民性，有善质而未能善，于是为之立王以善之，此天意也。民受未能善之性于天，而退受成性之教于王，王承天意，以成民之性为任者也"，表达的就是这个意思。天授予帝王以纲常来教化百姓，如此天、君、民三者便能统一，这也就达到了董仲舒的政治目的。

大一统的道德侧面

"大一统"是董仲舒儒学思想的特征，可以说董仲舒所构建的儒学体系都是围绕着"大一统"这三个字展开的，其道德哲学也是如此。董仲舒认为人的善性来源于天，使善性转化为善行的教化与教化者也是天所授予并指定的。

善之所以可能

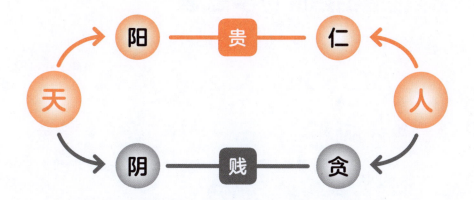

董仲舒认为人与天是相一致的。天既然贵阳而贱阴，人也自然好仁而贱贪，所以人的这种潜在的超过恶的善性使人之趋善成为可能。

善之所以可能

- **妻者夫之合**
  夫为阳，妻为阴；妻兼功于夫；夫为妻纲

- **子者父之合**
  父为阳，子为阴；子兼功于父；父为子纲

- **臣者君之合**
  君为阳，臣为阴；臣兼功于君；君为臣纲

夫妻

阴者阳之合

君臣　父子

董仲舒关于社会人伦的思想集中体现在"三纲"之上。他说"王道之三纲，可求于天"，即这种社会人伦关系是天的意志，帝王应以此来教化百姓。

第二章
扬雄、桓谭与王充的哲学思想

如何在经典的基础上进行原创
扬雄儒道相融的哲学思想

> 以为经莫大于《易》，故作《太玄》；传莫大于《论语》，作《法言》。
>
> ——《汉书·扬雄传》

📖 "玄"是万物的本原

扬雄，字子云，蜀郡成都人，是西汉末年著名的文学家、思想家。他的哲学思想主要保留在《太玄》与《法言》这两本著作中。

《太玄》是扬雄仿《周易》而作之书，在这本书中，扬雄构建了一个以"玄"为最高范畴的哲学体系。扬雄称"玄者，幽摛万类而不见形者也"，这个定义从两个角度对"玄"做出了规定：第一，万事万物都是由"玄"而来的；第二，"玄"是没有形体的。这说明在扬雄看来，"玄"是万物的本原，同时"玄"不是一种物质性的存在。这种"玄"和《道德经》中的"道"十分相似，不同之处在于，"玄"不仅有自然性，更有人文性，这是其儒家思想的一面。

📖 学以修性

《法言》是扬雄仿照《论语》而作的一部阐发儒家思想的著作。在这本书中，比较值得关注的是扬雄的人性论思想。不同于孔孟荀董，扬雄的人性观具有一种调和论的倾向，他认为人性是善恶相混的。他说："人之性也，善恶混，修其善则为善人，修其恶则为恶人。"同时，他又讲"气也者，所以适善恶之马也与"，这就是说人之为善为恶是可控的。由此，扬雄强调了学习的重要性，他认为学习与否是为善为恶的节点，"学则正，否则邪"。学习的目的一方面是要成为君子，另一方面是要获得内在的精神快乐，成就一种人生境界。

继承与创新

通过《太玄》与《法言》，我们可以很清晰地看到儒道两家思想对于扬雄构建自己哲学思想体系的影响，同时扬雄也是一个非常具有独创性的思想家，他常常在前人的基础上，创造出独属于自己的观点。

《太玄》中的发展观

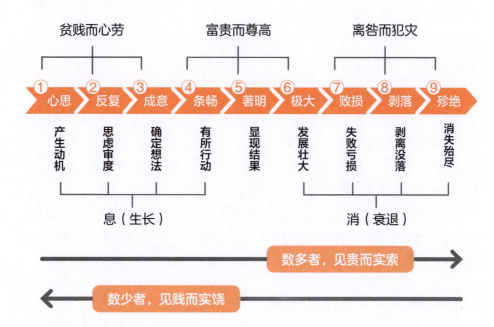

贫贱而心劳　　　　富贵而尊高　　　　离咎而犯灾

| ① 心思 | ② 反复 | ③ 成意 | ④ 条畅 | ⑤ 著明 | ⑥ 极大 | ⑦ 败损 | ⑧ 剥落 | ⑨ 殄绝 |

产生动机　思虑审度　确定想法　有所行动　显现结果　发展壮大　失败亏损　剥离没落　消失殆尽

息（生长）　　　　　　　　　消（衰退）

数多者，见贵而实索

数少者，见贱而实饶

性混善恶

修其善为善人　善　恶　修其恶为恶人

学则正　　学者，所以修性也　　否则邪
　　　　所以求为君子也

精神能否在身体外独立存在

桓谭驳斥"长生不死"

精神居形体，犹火之然烛矣。

——《新论·祛蔽》

📖 对神仙方术的批判

先秦时期医药学的发展，道家长生久视的养生思想，以及民间的神话传说，三者结合所产生的就是在秦汉之际广为流行的神仙方术思想。这种思想之所以能够持久流行，是因为它能在某一层面上满足人们对长生与享乐的心理需求。然而神仙方术终究以神话传说为内核，无法在现实中得到验证，对于现实人生有清醒认识的思想家们于是纷纷对之进行了批判，桓谭就是其中的一个代表人物。

桓谭认为，信奉神仙方术之人所追求的长生不死根本是一种有悖自然之道的妄想，世间万物的生灭代谢是自然的本性，草木鸟兽无不如此，何以习方术之人能违背这种法则？对于"天生杀人药，必有生人药"的这种说法，桓谭反驳说，药之害人或救人是药的属性与人相克或相合的结果，而并不是天有意志的行为。与当时主流的神学化的儒家思想相比，桓谭显然不认为天是有意志与目的的。

📖 形神似烛火

方术之士认为人能够得以长生的一个重要理论根据是认为人的精神相较于形体而言具有相对的独立性，甚至具有决定性的作用。他们认为获得长生的途径除了服用丹药之外，还另有养神养性之法，即通过"抑嗜欲，阖耳目"等方式，使人的精神不致衰竭，以此求得长生。

对此，桓谭"以烛火喻形神"进行了批判。他认为精神无法离开形体而独立存在，就像蜡烛上的火苗不能离开蜡烛一般。人的衰老是自然而不可逆转的，在衰老的过程中，修身养性即便能使"堕齿复生，白发更黑，肌颜光泽"，也不能从根本上改变"至寿极亦独死"的结局；待到人死后，精神也就不复存在，也如烛火一般，"气索而死，如火烛之俱尽"。总的来说，桓谭认为形体与精神两者可以互相影响，但在根本处，精神是依附于形体而存在的。

形与神的关系

从哲学的角度来看，中国古代哲学中的形神问题很类似于我们如今所说的物质与精神的关系问题，不过因为文化及语境的不同，形与物质、神与精神又无法做简单的对应，其中也有中国哲学的特点。

桓谭之前的形神观

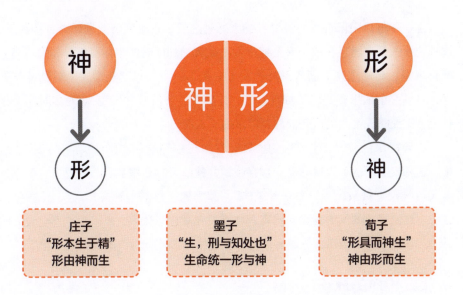

庄子
"形本生于精"
形由神而生

墨子
"生，刑与知处也"
生命统一形与神

荀子
"形具而神生"
神由形而生

精神居形体

桓谭的形神观大体上与荀子的形神观相同，认为神是依附于形而存在的，不存在离形之外的独立性。同时桓谭也承认，如果能够较好地养神，人确实可以得养天年。

老天爷真的会关心人间疾苦吗

王充谈天与人的差别

儒者论曰：天地故生人。此言妄也。夫天地合气，人偶自生也。

——《论衡·物势》

天只是一种自然存在

自董仲舒以阴阳五行之说融入儒家思想之后，在汉武帝及其后继者扶持下，这种变质的儒家思想在成为汉王朝官方正统哲学的同时，也在谶纬异端的道路上越行越偏。对此感到不满的王充遂著《论衡》一书，以"疾虚妄"的精神与态度，对其之前的思想进行了批判，以"订其真伪，辨其虚实"。面对当时的思想状况，王充首先批判的就是董仲舒以来的天人观。

将天视作至高的、本原性的、具有意志与目的的存在是汉代儒学的核心理念，这种定义下的天以气贯通一切存在，并使一切存在服从自己的意志。王充认为天与气没有关系，天只是一种"体"，和大地一样是一种自然意义上的存在。这种自然意义上的天因为没有感官，也就没有意志或欲求，所以根本不会对人的行为有任何干涉。天道无为而人道有为，无为不干涉有为，所以天人不相应。

天人感应的真正内涵

神学化的儒家思想与谶纬之学的核心是祥瑞灾异与人事善恶的相关性。这种思想认为天具有赏善罚恶的权力与能力，会考察上到国政、下到家事的种种善恶行为。为善的，天会显现祥瑞以示嘉奖；为恶的，天会降下灾异以示惩罚。通过这种方式，人的行为就会受到约束。这种观点在王充看来也同样是荒谬的。他在论证了天不过是一种自然存在之后，便对董仲舒以来的天人感应思想做了驳斥。

王充认为，天只是一种自然存在，它无法知晓人间之事，更遑论对人事善恶进行赏罚。所谓的祥瑞灾异只不过是自然现象而已，天道无为，天并没有自己的意愿来产生这些现象，而这些现象之所以被称作祥瑞灾异，本质上是人将自己的社会属性投射给了天。天作为扩大化与绝对化的人性并反过来约束人性，这就是董仲舒天人感应的真正内涵。王充对该逻辑的揭示是相当准确而深刻的。

破斥神秘的自然观

对天的内涵的解释在先秦时期就分化为两种理路，一者以天为道德意志之天，一者以天为自然无为之天。在汉代，这两种思路都有继承者，董仲舒继承了前者，王充继承了后者，并以此批评董仲舒的天人学说。

天没有欲求或意志

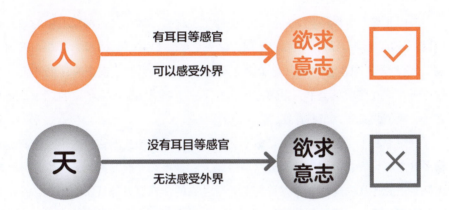

王充认为，人之所以拥有欲求与意志是因为人有种种感官可以感受到外界的存在，进而对感受到的对象产生好恶等感受。但天并没有感官，所以天不可能有感知，更不可能了解什么是善恶，也就不可能对善恶做出奖罚了。

天与人不相关

天人感应	王充的批判
天有意志地生出人	人是夫妇合气而生
天为养活人而生五谷	人是因为饥饿才发现五谷可食
天会降下灾异警示人	人是自己害怕才将自然现象当作灾异

亲眼所见的就是事实吗

王充的认识论思想

凡论事者，违实不引效验，则虽甘义繁说，众不见信。

——《论衡·知实》

■ 对先知之说的批判

汉代谶纬之学在神化天的同时，也对圣人进行了神化。谶纬家眼中的圣人是"前知千岁，后知万世，有独见之明，独听之聪，事来则名，不学自知，不问自晓"，这种圣人只能用"神"这个字来形容。他们认为孔子就是这样的圣人，并称孔子在临死前留下谶书，上面直接预言了一个叫秦始皇的人"上我之堂，踞我之床，颠倒我衣裳，至沙丘而亡"。

在王充看来，这些说法都是虚妄之言。王充承认像孔子这样的圣人确实能有超乎常人的见解，但是这种见解并不神秘，它是圣人"揲端推类，原始见终"的结果。王充还认为这种能力并不是圣人所独有的，普通人也可以做到，它只是在客观事实的基础上进行有效地推理罢了，圣人所谓的"先知之见"不过如此，而完全不是谶纬家的那种凭空捏造。

■ 认识事物的方法

想要正确地认识事物，形成正确的知识与见解，首先要承认人的认知来源于感官可接触的外部世界，也即承认人的认识能力有其生理限制。王充说"须任耳目以定情实"，同时"如无闻见，则无所状"，意思就是说人的认识要以人的感官感受为基础，如果没有感受到相关事物，则无法获得相关认识，即便是圣人也是如此。对感官经验的重视是王充认识论思想的立足点。

王充虽然强调感官经验是认知是否正确的重要标准，但这并不意味着它是唯一标准。在感官经验的基础上，王充也十分重视人的理性思维。王充对墨子唯经验是从的认识论思想提出了批判。王充说正是因为墨子"不以心而原物，苟信闻见"，才会得出错误的结论，所以王充认为"是故是非者，不徒耳目，必开心意"，即要在感官经验的基础上，运用理性的归纳与推理能力。

经得起验证与反思的才是事实

王充说，当人们谈论某一事物时，想要使自己的观点成立，最重要的是要以事实证明，同时要佐以人的理智反思。如果没有这两者，那么即便是"甘义繁说"，人们也不会相信。

雷电非天怒

根据谶纬之学的说法，天降雷电是上天看到人的恶行而显现的震怒，是对人的一种警示，被雷电击中者则是因为恶行而受到上天的惩罚。王充认为雷电的本质是火，不过是一种自然现象，其中没有天的意志，人因雷击而死与被火烧死也没有区别；将雷电视为天怒的观点是一种虚妄。

正确认知的两大要素

在批评墨子思想时，王充指明墨子只重经验而不重分析判断的认识论缺点。他认为只以感官经验为判断标准同样会产生错误的认知，因此王充主张在"用耳目论"外还要"以心意议"，即将感性经验与理性思维结合起来得到正确的认知。

万般都是命注定

王充的决定论思想

强寿弱夭，谓禀气渥薄也。

——《论衡·气寿》

元气是万物的本原

王充继承了《管子·内业》中的精气论思想，他认为世界万物的本原是一种物质性的元气。王充说"天地，含气之自然也"，意即天地是由元气构成的自然事物，并没有什么神秘性或道德性；"天覆于上，地偃于下，下气蒸上，上气降下，万物自生其中间矣"，意思是说万物是因为元气上下流转自然生成的，万物由元气而自生，并没有什么目的性。

因为万物皆由元气而自生，所以万物在本质上是一致的，王充所说的"万物生天地之间，皆一实也"，便是这个意思。元气的性质可以被分为阴阳两种，但与董仲舒的阴阳理论不同，王充的阴阳二气是不具有主次、尊卑、善刑等属性的，而只具有单纯的物质性。王充认为，阴阳二气相和，则万物化育，灾害不生；若阴阳二气不和或元气不通，就会出现灾异，事物就会衰亡。

气定性命

在元气论的基础上，王充进一步对人的存在进行了反思。王充认为人既然由元气而生，所以人性也是由元气而来，而人性之所以有差异，原因在于人所禀受的元气有厚薄多寡之别。王充说"人之善恶，共一元气，气有多少，故性有贤愚"，意思是说善恶的属性都是人性中气的显现，如果一个人出生时所得元气多，其性就是贤善的，如果一个人出生时所得元气少，其性就是愚恶的。

在这里，王充的思想表现出一种很强的决定论色彩。他区分了性与命这两个概念，认为"操行善恶者，性也；祸福吉凶者，命也"，同时他强调性与命之间没有联系，"使命吉之人，虽不行善，未必无福；命凶之人，虽勉操行，未必无祸"。既然吉凶与人的操行无关，那是由什么决定的呢？王充认为，和性一样，命也是由气在人出生之时就已经决定了的，"人生受性，则受命矣"。

元气决定论

以元气为本原的思想虽然让王充得以冲破汉代谶纬之学的神秘网罗，但一切以元气为决定因又让王充落入了决定论的窠臼中。同时我们也能看出，既然人性的善恶是由元气来决定的，那么元气也就不可能只是物质性的。

气与人性

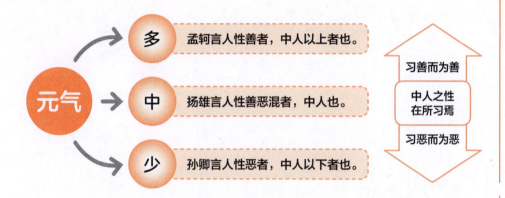

王充虽然强调人性是由元气先天决定的，但是也为人能为善去恶留下了可能。他将人性分为上中下三等，中等的人因为是"无分于善恶，可推移者"，所以可以用教化的方式使之趋善。

气与命运

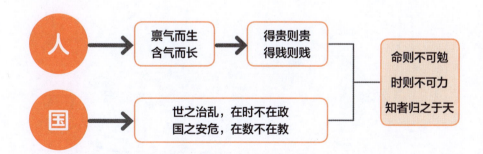

虽然王充称人性是可以教化而趋向善的，但这种教化在命运面前毫无意义，这让王充的性命观具有一种悲剧色彩。

第三部分

才性的绽放：
魏晋至隋唐时期的哲学思想

第一章
魏晋玄学

有这个、有那个，"有"是哪里来的
以"无"为贵的何晏

有之为有，恃无以生；事而为事，由无以成。

——《道论》

📖 正始玄风

东汉末年的政治危机在哲学思想方面造成的影响，是当时的知识分子为避免由清议带来的杀身之祸而转向清谈或清言，即不谈家国政治，而只论有无、言意等题目。因为当时人们立论的思想多源自《道德经》《庄子》《周易》这"三玄"，故这一时期的思想也称为玄学。玄学的早期阶段是正始玄学，该阶段的代表人物是何晏与王弼，又因何晏先于王弼对一些玄学主题做出了精炼的论说，所以何晏也被人们视为魏晋玄学早期的奠基者。

📖 从无名到知意

正始玄学的一个核心问题是有无关系。何晏在其所著的《道论》中称"有之为有，恃无以生"，意思是一切所谓实存的有之所以存在，是由无而生并且以无为条件的。作为一切实存的来源与条件的无本身是超越一切实存的，所有实存的属性都不能用来描述无，所谓"道之而无语，名之而无名；视之而无形，听之而无声"。何晏认为，正是这种"无名"（无法描述），才是对无最准确的描述。

在何晏看来，这种无法描述的无其实就是道，而在这里出现的一个问题是，既然无与道是无法描述的，那人如何能对其产生认识呢？很明显的，何晏认为对无与道的认识既超越了常识也超越了语言，所以何晏说只能用"知意"的方式去了解无与道。这种"知意"同样也无法言传，而只能是一种神秘的领悟。

玄学的主题与方法

　　朝代的更迭也带动着哲学思想的转变，与汉朝以大一统为特色，重视政治与人伦，被神秘化了的儒学相比，诞生于动荡时局的魏晋玄学更侧重于个性与自然，其哲学思想也因此有了一种自由与灵动的特质。

五大主题

有与无	世界的本原是有还是无	本体论
言与意	语言能否完整地描述世界的本质	认识论
才与性	人的才能与禀性的关系是怎样的	人性论
名教与自然	社会人伦与自然的关系是怎样的	道德观
圣人有情无情	人能达到的最高境界是什么	人生观

自由与融合

诠释经典　　　得意忘言　　　儒道相融

要言不烦　　　超言绝象　　　以儒为本
直抒己意　　　只可意会　　　以道为情

　　与汉朝儒生皓首穷经的治学方式不同，魏晋名士在论述玄学思想时更重视抒发自己的玄思妙悟。

天赋对哲学研究有多重要
王弼谈"以无为本"

> 道者，无之称也，无不通也，无不由也，况之曰道，寂然无体，不可为象。
>
> ——《论语释疑》

玄思的天才

王弼是正始玄学的另一代表人物。他是何晏的忘年交，何晏长其三十多岁，却对王弼在玄思方面的天才钦佩不已。据《世说新语》记载，何晏和王弼同时对《道德经》一书作注，但何晏"见王注精奇"，不仅心服口服，更是"神伏"，于是便不再继续作注，并称赞王弼说"若斯人，可与论天人之际矣"。作为魏晋玄学中贵无一派的开创者之一，王弼在二十四岁时便英年早逝，但其构建的理论体系却是魏晋玄学的一座高峰。

王弼的本体论主要集中在其贵无的思想上。与何晏一样，王弼也认为"有之所始，以无为本"，即以无为事物的本原，同时作为本原的无也是"无形无名"，没有任何属性的。但在论证上，王弼有其独特的角度。王弼认为现实存在的事物彼此之间因为属性的差异而不能构成本原与生成的关系，就如圆的事物不能成为方的事物的本原一样。事物的属性如此复杂多样，"将欲全有"，让事物及属性都得以存在；"必反于无"，即在没有任何规定性的无中呈现。

崇本息末

王弼是中国哲学史上第一个将本末作为一对哲学范畴来进行讨论的哲学家。所谓本指的是作为本体的无，而末指的是现实中的种种事物及其现象。对于这对范畴，王弼提出了崇本息末的观点。王弼强调人们在观察理解事物时要透过现象看本质，要看到"有之所以为利，皆赖无以为用也"，即了解事物之所以能互为利用，原因不在于事物本身，而在于本体的无。也就是说事物之可利用其实是一种假象，可利用的并不是作为末的事物现象，而是作为本的无。

由此，王弼说："本在无为，母在无名，弃本舍母而适其子，功虽大焉，必有不济；名虽美焉，伪亦必生。"只有崇本息末，以无用为用，才能与道相合。

天地万物皆以无为本

王弼的贵无论思想在提出以无为本的同时，还创造性地从多种不同的角度论证了这一论点。正是在这种思辨的过程中，魏晋玄学一改汉代或重考据，或重神秘的治学方法，创造出一种崭新的哲学氛围。

四种论证角度

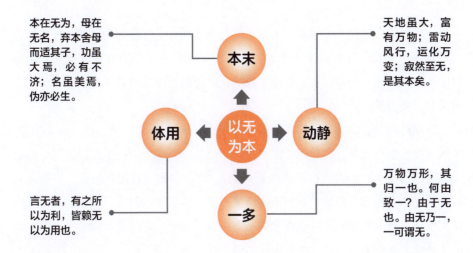

本在无为，母在无名，弃本舍母而适其子，功虽大焉，必有不济；名虽美焉，伪亦必生。

天地虽大，富有万物；雷动风行，运化万变；寂然至无，是其本矣。

体用 ← 以无为本 → 动静

本末

一多

言无者，有之所以为利，皆赖无以为用也。

万物万形，其归一也。何由致一？由于无也。由无乃一，一可谓无。

无属性的无

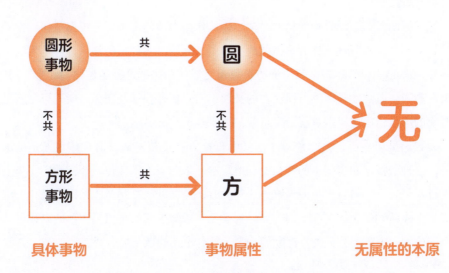

圆形事物	—共→	圆	
不共		不共	无
方形事物	—共→	方	

具体事物　　　　　**事物属性**　　　　　**无属性的本原**

人的语言能准确描述事物的本质吗

王弼的"得"与"忘"

意以象尽，象以言著。故言者所以明象，得象忘言；象者所以存意，得意忘象。

——《周易略例》

📖 三种认识

王弼是阐发《周易》思想的大家，其有关《周易》思想的论述被后人称赞为"独冠古今"，其中精妙远胜汉代儒生的"更相祖述"。正是在注解《周易》的过程中，王弼构建了得象忘言、得意忘象的认识论思想，这对魏晋玄学在方法论方面具有重要贡献。

按照《周易》的体例，王弼将认识划分为三种，即言、象、意。从《周易》体例来看，象就是卦，言是对卦的解释，意是卦的真实内涵。王弼说这三者间的关系是"夫象者，出意者也；言者，明象者也"，这是一种递进关系，即象是对意的显现，言是对象的阐发。用现代语言来说，言就是语言文字，象就是事物的存在状态，意就是事物之所以存在的义理。这样看来，言、象、意三者除了有递进关系外，还有上下高低的关系，即象高于言，而意高于象。

📖 因有明无

王弼阐发其玄学思想的目的是为了体认作为本体的无，但无没有任何属性相状，如何体认没有规定性的本体就成了一个大问题。对此，王弼认为体认无的关键是对有的认识的超越，和庄子的思想相类似，王弼把这种超越称为"忘"。在王弼看来，既然意是事物所以存在的义理，而事物存在依托于无，所以得意就是对无的体认；而想要得意就需要忘象，想要得象就需要忘言。

我们可以看出，言与象对于王弼而言作为有是枝末的，而意作为无是根本的，这种去枝末而得根本的认识论和他崇本息末的贵无本体论是相一致的。当人通过得象忘言、得意忘象而最终体认到无时，这样的人就是圣人。王弼说孔子就是一个体认到了无的圣人。因为体认到了无，了知了无的不可描述，所以孔子从不谈论无。由此王弼认为，沉默的孔子比以有论无的老子更有智慧。

玄学的方法论

因为作为本体的无不可描述，故而只能从有的层面来阐发无，但这种方式从认知的角度来看根本是一种矛盾，因为有的叠加永远无法达到无。正因为看到了这一矛盾，王弼才说不是叠加，而是超越，才能由有达到无。

言、象、意

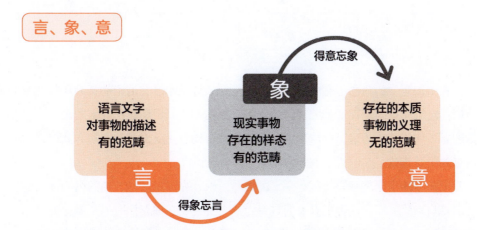

得意忘象

言	象	意
语言文字 对事物的描述 有的范畴	现实事物 存在的样态 有的范畴	存在的本质 事物的义理 无的范畴

得象忘言

王弼认为，意高于象，象高于言，所以人的认知不能拘泥在言象里面，而要超越言象去体认意。

圣人体无

王弼认为，相较于以有言无的老子，从来不讨论无的孔子更有智慧，因为孔子体认了无之后非常清楚无是不可落于言象的。

凡夫俗子和圣贤哲人有何不同

王弼谈人的性情

若以情近性，故云性其情。情近性者，何妨有是欲？

——《论语释疑》

📖 性与情

在中国哲学的概念范畴中，性指的是人的天性、本性，情指的是人在与外物接触的过程中因感应而产生的情绪或情感。性情问题是中国哲学在实践论方面的重要题目，以性为标准，以情为动力，两者相合构成了人的道德实践。如何处理两者的关系就成了中国哲学中的修养论与功夫论。

王弼在这个性情问题上也有一定的思考。他首先界定了性与情的内涵，认为"万物以自然为性"，这种观点表明其对道家人性论的认同；同时他又说"夫喜惧哀乐，民之自然"，即是说与性一样，情也是由自然而生的。虽然王弼认为性与情都源于自然，但两者之间仍有区别，这种区别在于性静而情动，性无善恶而情有正邪。王弼认为如果情的感发以性为标准，就能做到"静专动直，不失太和"，是"正性命之情"；如果不以性为标准，就会"流荡失真"，"此是情之邪也"。因此，为了避免"不以顺性命，反以伤自然"，王弼主张"性其情"，即以自然之性引导调节情的感发，使人之情合乎天地正大之情。

📖 圣人有情

王弼的性情思想具有道家学派的色彩，其修养功夫方面则表现出了一种儒道合流。王弼与何晏曾对"圣人有情无情"这一题目做辩论。何晏从《道德经》的思路出发，认为圣人之所以不为情所累，是因为圣人本来没有喜怒哀乐等情感，所以圣人无情。王弼则认为，圣人同样具有喜怒哀乐，不同之处在于圣人能够使自己情绪的感发与性相应，做到"应物而不累于物"，所以圣人有情。

从圣人有情的论断中可以看出，王弼"应物而不累于物"的思想颇得庄子之意，而以性顺导情之感发又与《中庸》相契。这种儒道相融正是王弼哲学思想的特质所在。

王弼的人生哲学

王弼从道教思想中的自然为性出发，将人的道德实践归结为一种复性的过程，即以内在的自然本性来调节自我的情感和欲望。先顺应自己的自然之性，在此基础上再顺应万物的自然之性，这样就能不受情物之累，成就圣人的境界。

性其情

自然

性 —— 性其情，久行其正，是情之正 —— 情
　　　　心好流荡失真，是情之邪

万物以自然为性
可因而不可为
可通而不可执

喜惧哀乐
民之自然
应感而动

因为王弼认为性是没有善恶属性的，所以王弼的功夫论并没有以道德压制欲望的禁欲色彩；相反，王弼认为只要"性其情"，满足源于自然之性的欲望也是顺性之行。

由凡入圣

凡　　　　　　圣

流荡　＞　久行　＞　应物
失真　　　其正　　　无累

性其情　　　因而不为
　　　　　　顺而不施

王弼认为人想要由凡入圣，光是性其情是不够的，还要不被情所累，这就要在顺应万物之性的同时不乱己心。

哲学家也会酗酒逃避现实
阮籍对社会现实的态度

汝君子之礼法，诚天下残贼、乱危、死亡之术耳！

——《大人先生传》

胸中垒块

阮籍是竹林七贤的代表人物之一，也是竹林七贤中最为矛盾之人。据记载，阮籍"幼有奇才异质，八岁能属文，性恬静"，阮籍诗中称自己"昔年十四五，志尚好诗书"，可见阮籍之聪颖以及年少时对儒家经世致用之学的向往。如果将阮籍一生的思想历程做一番观察，可以将其分为两部分：前期走儒家治世之路，后期则转向老庄之学。

在儒家思想方面，阮籍继承了儒家以礼乐治世的思想传统。他在《乐论》中提出了一种"礼乐正而天下平"的思想。阮籍强调"刑教一体，礼乐外内"，他认为刑教礼乐的关系是"刑弛则教不独行，礼废则乐无所立""礼定其象，乐平其心；礼治其外，乐化其内"。此时的阮籍还是一个重视名教的儒生，但当篡位夺权的司马氏用名教来掩饰自己的行径时，阮籍看到了司马氏所谓的礼法竟然是"残贼、乱危、死亡之术"，因此不免陷入矛盾，以酒浇消胸中的苦闷。

超脱现实

正是这种残酷的政治现实让阮籍的思想发生转向，从崇尚礼乐到批判名教，阮籍的思想重心从儒家转移到道家。阮籍在道家思想方面主尊庄子，他说"六经之言，分处之教也；庄周之云，致意之辞也"，可见阮籍对儒道两家思想差异的认识。阮籍从气的角度论述了庄子万物一体的齐物思想，认为世间万物的存在与变化都是"一气盛衰，变化而不伤"。人则生于天地之间，以"阴阳之精气"为身，以"五行之正性"为性，以"游魂之变欲"为情，以"天地之所驭者"为神。因为人的精神是"天地之所驭"，所以可以"独与天地精神往来"，这样就能从现实的礼法名教的束缚中超脱出来，达到一种"廓无外以为宅，周宇宙以为庐；强八维而处安，据制物以永居"的境界。

竹林玄学

何晏、王弼之后，魏晋玄学进入到竹林玄学时期。这一时期的玄学方法在形式上仍然是依托于三玄经典来阐发自己的玄思。与何晏、王弼重视《道德经》《周易》不同，阮籍等人更重视《庄子》，更追求一种逍遥自由的境界。

竹林七贤

"竹林七贤"指的是阮籍、嵇康、山涛、刘伶、阮咸、向秀、王戎七位魏末晋初的名士，其中尤以阮籍和嵇康二人以其玄思妙理与超然物外而成为七贤中的核心人物。

人生天地之间

阮籍将汉朝以来的气论思想融合进庄子的齐物思想中，对人的本性重新做了解释。他认为"人生天地之中，体自然之形"，人的富贵寿夭都只是气的盛衰变化，体现的都是自然之性。

凭什么说身体与精神是彼此独立的

嵇康的形神观

爱憎不栖于情，忧喜不留于意。泊然无感，而体气和平。

——《养生论》

■ 另一种角度

在汉代哲学思想中，对于形神关系的思辨主要集中在两者间的主客关系上，即形神双方谁依存于谁、谁决定谁的问题。由此，汉代哲学在形神问题上出现了两种对立的观点，一方主张形由神化，另一方则主张形死神灭。嵇康对形神问题有自己独特的思考角度，他跳出两方论难的矛盾，从养生的角度讨论形神关系，形成了自己独特的养生思想。

在其著作《养生论》中，嵇康认为形与神之间是一种相互依存的关系，他说"形恃神以立，神需形以存"，两者之间没有谁是独立存在的。在这种形神关系基础上，嵇康认为从养生的角度来说，形体与精神之间的和谐是最重要的，这种形与神的和谐被嵇康称为"形神相亲"，而养生的方法就是"表里俱济"。虽然嵇康称形神之间是相互依存的，但受道家思想的影响，他还是认为养神比养形更重要一些，因为神对形具有引导的作用，清明的精神可以使形体不堕入欲望的泥沼而自我毁灭。

■ 导养得理

嵇康认为，想要达到"修性以保神，安心以全身"的养生效果，必须对人的性和欲，以及养生的道理有清晰地认识。嵇康称人性之中本来就包含着种种欲望，这些不需要思虑就会显现的欲望就是人本性的显现，而人的智巧要做的就是如何满足这些欲望。嵇康认为源自本性的欲望在价值上是中性的，没有善恶是非之分，问题出在智上。他说"世之所患，祸之所由，常在于智用，不在于性动"，因为本性的欲望只要遇到合适的事物就很容易得到满足，但人却可以用智巧无限制地去满足欲望，如此就会伤生害性。嵇康说只有"使智止于恬，性足于和，然后神以默醇，体以和成"，才能"去累除害"，这就是养生所应遵行的道理。

130

形神与养生

从养生的角度来讨论形神问题，这是嵇康玄学思想独特之处。在这里我们能够看出，玄学对于魏晋名士而言不仅是一种玄思妙想，更是一种可以成就个人生命境界的实践指南。

形神相亲

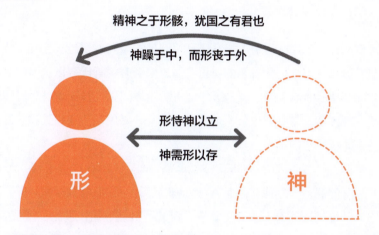

精神之于形骸，犹国之有君也

神躁于中，而形丧于外

形恃神以立

神需形以存

形　　　　神

嵇康认为人的形神是互相依赖的，但在地位上，神要高于形，所以嵇康的养生思想虽然形神兼顾，但重点还是在养神上。

养生五难

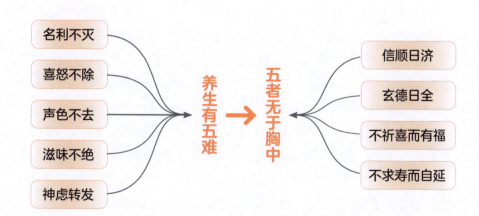

名利不灭
喜怒不除
声色不去
滋味不绝
神虑转发

养生有五难　→　五者无于胸中

信顺日济
玄德日全
不祈喜而有福
不求寿而自延

违背人性的道德还算是道德吗

嵇康批判名教的虚伪性

> 物情顺通，故大道无违；越名任心，故是非无措也。
>
> ——《释私论》

是与非

与阮籍一样，嵇康也看清了司马氏利用儒家礼乐名教思想来夺权篡位、铲除异己的罪恶行径，但不同于阮籍的谨慎，嵇康对当时司马氏赖以统治的名教思想之批判是相当直接而激烈的。嵇康看到，以孝治天下的司马氏政权虽强调名教，然而社会的现实状况却是人伦价值的失序与混乱，嵇康认为这种失序与混乱都是人们不明是非所导致的结果。

嵇康称社会人事中有很多事情"似非而非非"，也有很多事情"类是而非是"，如果不仔细辨明两者的区别，就会是非混淆。所谓"似非而非非"，就是一些人做出来的事情虽然看上去有违礼法，但其动机是遵循仁义的；"类是而非是"则正相反，是指一些人看上去忠信有加，其内心却满是私欲。面对这种是非难辨的情况，嵇康强调只有"论其用心，定其所趣；执其辞而准其理，察其情以寻其变；肆乎所始，名其所终"，才能对是与非做盖棺定论。

名教与自然

严格来讲，嵇康并没有否定名教的价值与意义，只是当他看到司马氏政权利用名教使世道人心变得如此不堪，他才认识到名教若为政治所利用会产生何等罪恶的影响。所以嵇康强调要超越名教，以寻求自然之理。当人们对于自然之理"求诸身而后悟，校外物以知之"时，就能"理足于内，乘一以御外"，这就是超越名教、任运自然的境界。

超越了名教与是非，对嵇康而言就意味着达到了庄子的逍遥境界。这样的人"气静神虚""体亮心达"。因为与自然之理相合，所以能真正通达世间万物的情理，其一言一行都是其内在自然本性的显现，既不相违于大道，也不受名教是非的束缚。这就是嵇康所期许的"物情通顺""越名任心"的精神境界。

以身践道

单从哲学思想的角度来讲，相较于王弼的贵无论，竹林玄学的代表阮籍与嵇康并未做出独特的理论贡献。人们之所以至今仍感念二人，是因为他们将自己的玄思活了出来，特别是嵇康，他的一生便是魏晋风骨的最好写照。

大治之道

论其用心 定其所趣	执其辞而准其礼 察其情以寻其变		肆乎所始 名其所终
行私之情		淑亮之心	
不得因乎似非而容其非		不得蹈乎似是而负其是	
实非以暂是而后明		实是以暂非而后显	
行私者无所冀，则思改其非		立公者无所忌，则行之无疑	

千古绝响

嵇康抚琴

据《世说新语》记载，因替好友辩护而获刑受戮的嵇康在临刑之前，"神气不变，索琴弹之，奏《广陵散》"，曲后感慨"《广陵散》于今绝矣"。相较于自己的生死，嵇康更在意一首琴曲能否流传，由此可见嵇康高迈超绝的精神境界。

光靠说的能治理好国家吗

裴頠引导的玄学转向

观老子之书，虽博有所经，而云有生于无，以虚为主，偏立一家之辞，岂有以而然哉？

——《崇有论》

▣ 反映时代的思想转变

国家与社会的时代状况必然会在当时的哲学思想中有所显现，同时哲学思想也会反过来推动国家与社会的前进发展。这种历史与哲学的相互关系在魏晋时期所表现出来的情况是：当政局混乱时，哲学思想的主要形态是避世型的贵无之学；当政局走向稳定时，避世型的贵无思想已不再适应时局的需要，故而产生了一种新的治世型的崇有思想。

魏晋玄学从贵无到崇有的转变，是在裴頠这里开始的。作为朝中重臣，裴頠看到了贵无论和越名教而任自然的思想对于国家政事的消极作用，因为贵无论的理论来源是《道德经》和《周易》，所以裴頠就从这两本书的角度对贵无论思想进行了批判。裴頠说老子的思想核心在于"静一守本"，这与《周易》的义理是相通的，至于老子说"有生于无"，那也只是老子的"一家之辞"而已。

▣ 批判贵无论

想要破斥贵无论的以无为本体，就要论证"有生于无"的错误。在这方面，裴頠从生成论和现实人事两个方面给出了批驳。

在生成论的层面上，裴頠认为无既是一种虚无，是一无所有，便不可能生出万物；万物并非生于无，而是自生的，这种自生就是以有生有，也就是"济有者皆有也"的意思。严格来讲，裴頠将无单纯地理解为虚无是不准确的，但裴頠的用心并不在于构建出一种新的玄学体系，而是要转变当时的现实状况。裴頠认为贵无必贱有，而有正是儒家的名教礼法，如果整个社会的风气都不重视名教礼法，那么"口谈浮虚，不遵礼法，尸禄耽宠，仕不事事"的现象就会越发严重；只有贱无而崇有，重新树立儒家礼教的作用与地位，才能扭转世态人心。

著崇有之论以释其蔽

面对"口谈浮虚，不遵礼法，尸禄耽宠，仕不事事"的社会现实，裴颜深感贵无论思想给国家政治带来的严重危害。为了改变时局，他站在儒家的立场上提出崇有论以批驳贵无论。

崇有论的逻辑

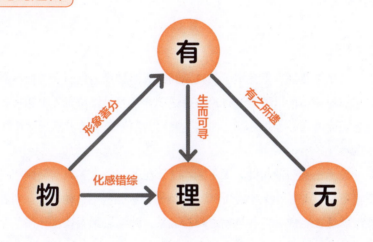

裴颜认为，万物生于有而不是无，因为无不能生有，所谓的无不过是有之外留下的虚空。

两种名士

你是你、我是我，你我之间有什么关系

郭象的"崇有"思想

> 无既无矣，则不能生有；有之未生，又不能为生。然则生生者谁哉？块然而自生耳。
>
> ——《庄子·齐物论注》

物各自生

魏晋玄学虽在裴𬱃这里发生了从贵无到崇有的转变，但因为裴𬱃本身无心于构建新的玄学理论，所以裴𬱃崇有论的理论效力并不足以和贵无论相抗衡。真正将崇有论思想完善成一个体系的，是与裴𬱃同时期的郭象，其思想集中体现在他所作的《庄子注》中。

裴𬱃对贵无论批驳的角度是无不能生有，在这一点上郭象与裴𬱃相同；但进一步，裴𬱃提出"济有者皆有也"，郭象则提出"物各自生"的思想。两者的区别在于，裴𬱃承认在生成层面有与物之间的关系，而郭象则否认这种关系存在，他认为具体事物之外并不存在一种有作为本原，有就是具体事物的存在，而这种存在是"块然自生"的。郭象说"我既不能生物，物亦不能生我，则我自然矣"，就是说事物与事物之间都是独立自然的存在，彼此之间并没有生成的关系。

自然与独化

这种具体事物独立的、不互相生成的存在就是郭象所说的自然。然而，郭象所说的自然与之前各种哲学思想中的自然都不同。自先秦到魏晋，人们一般都认为自然或多或少具有一种全体或规律的意思，或者说自然是一种客观实在，但郭象所使用的自然概念并不指代某种客观对象，而是对事物存在的一种描述。在郭象看来，自然并不是万物存在的集合构成，而是万物存在的真实样态，所以他说"天地以万物为体，而万物必以自然为正。自然者，不为而自然者也"。

因为事物之间是独立而没有生成关系的，所以以事物这种自然的存在过程也被郭象称为独化。郭象认为，事物之间都是彼此独立存在的，所谓的因果关系不过是一种俱生的玄合关系，这种关系也是自然的，而非一方导致、决定另一方。

性与分

在独特的自然论基础上，郭象进一步论述了自己有关自然之性与自然之分的观点。与前人将事物的本性理解成一种稳定的静态属性不同，郭象从动态过程的角度讨论了事物之性分对其存在的意义。

师其天然

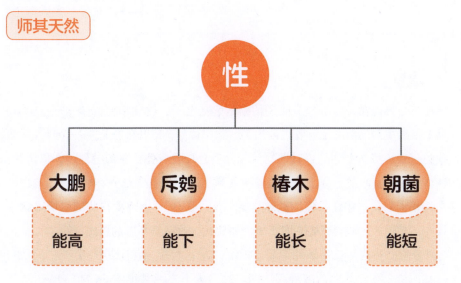

性

大鹏	斥鴳	椿木	朝菌
能高	能下	能长	能短

郭象认为，事物的自然本性是在事物的存在过程中显现出来的，这种自然本性"不为而自能，所以为正也"。

尽其自然之分

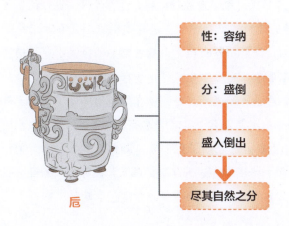

卮

性：容纳

↓

分：盛倒

盛入倒出

↓

尽其自然之分

郭象认为事物的自然本性也就是事物各自的自然界限。在这种自然界限之中，个体只要尽可能地发挥自己的天性，便能达到"无穷之化"，这样就能达成个体存在的最高境界。

逍遥自在还分等级
郭象谈逍遥的两种境界

> 故圣人常游外以弘内，无心以顺有，故虽终日挥形而神气无变，俯仰万机而淡然自若。
>
> ——《庄子·大宗师注》

各得其实

在对自然与独化、性与分做了清晰的表述之后，郭象对于逍遥——《庄子》一书中最高境界的阐述也就呼之欲出了。如果说个体的自然独化是一种自我创造自我的过程，那么个体的依其性而尽其分就是自我成就自我的过程。郭象认为，这种自我成就自我的过程，就是逍遥的真意。这种逍遥只关乎个体自我的本性与存在过程，只要"物任其性，事称其能，各当其分"，由此而得的逍遥境界就是一致的；又因为这种逍遥境界独属于个体自我，所以是不可互相比较的。

郭象以"自得"二字解释逍遥。他说："庖人尸祝，各安其所司；鸟兽万物，各足其所受；帝尧许由，各静其所遇。此乃天下之至实也。"这种"各得其实"并不是从外界获得什么东西，所谓"实"就是个体的自然之性与自然之分，所以"各得其实"也就是各自自得、自我成就。

天下莫不逍遥

各自自得、自我成就的境界虽然已经是逍遥的境界，但郭象认为这种逍遥还只是低层次的逍遥，因为这种逍遥只成就自己。更高层次的逍遥是在成己基础上成物，"乘万物御群材之所为，使群材各自得，万物各自为，则天下莫不逍遥矣"，这种境界就是圣人的逍遥境界。

这种物我两成、"天下莫不逍遥"的境界，是郭象在庄子逍遥思想基础上的创新，这种创新也非常明显地显示出郭象玄学思想中的儒家色彩。郭象所谈论的这种圣人的逍遥境界明显已经超出了道家的思想框架，而融入了《中庸》里至诚、尽性、参天地之化育的思想。可以说在这一点上，郭象与裴頠两人的最终目的是一致的，他们都想让社会人事恢复到一种具有儒家价值色彩的秩序中去。

两种逍遥

郭象认为逍遥的境界有高低两种，较低的层次是个体自身的成就，即尽性尽分以自得，这是每一个个体都能达到的；较高的层次则是"使万物各得其分而不自失"，这种高层次的境界只有圣人才能成就。

自得之逍遥

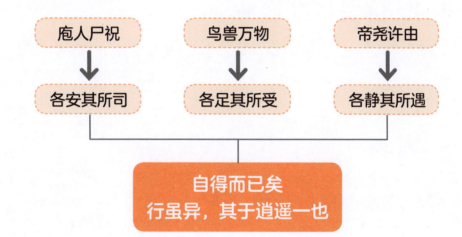

庖人尸祝 → 各安其所司

鸟兽万物 → 各足其所受

帝尧许由 → 各静其所遇

自得而已矣
行虽异，其于逍遥一也

圣人之逍遥

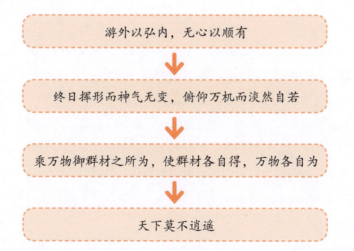

游外以弘内，无心以顺有

终日挥形而神气无变，俯仰万机而淡然自若

乘万物御群材之所为，使群材各自得，万物各自为

天下莫不逍遥

第二章
佛教哲学的初传与兴盛

如何让印度佛教说中国话

早期的佛教译经事业

> 天竺国自称书为天书，语为天语，音训诡蹇，与汉殊异。先后传译，多致谬滥。
>
> ——《出三藏记集·安世高传》

📖 佛教的传入

佛教发源于古印度，大约在东汉末年经由西域商道传入中国。在当时，人们认为佛教与中国传统的黄老思想很像，都讲究"贵尚无为，好生恶杀，省欲去奢"，又认为佛陀有种种神通变化，与传说的神仙十分类似，故而将佛陀与黄老并祀。这种观点在佛教初传中国时，就已经成为中国人对佛教的一种集体印象，至今在相当的范围内仍是如此。

📖 翻译经典

佛教是一种体系完备、思想精深的宗教，其宗教思想与修持方式都被详尽地记载于经、律、论三藏之中，因此想要传播佛教，翻译经典就成为最早一批来华弘教的外域僧人的首要工作。然而外域僧人或不懂汉语，或难以准确地用汉语来阐述佛经中的思想，故而出现了汉传佛教早期译经与解经的问题。

为了方便传播佛教，使人们能够更好地理解佛教思想，外域僧人们普遍采取一种格义的方式来翻译和解释佛经。所谓格义就是以汉地已有的哲学概念来比附佛教中的概念。这种以人们熟悉的旧概念来指代新概念的做法，是异质文化在交流初期必然要经历的，这种方式虽然能使人们迅速地理解新概念，却也将不可避免地造成理解上的偏差。

从梵语到汉语

佛教的传入是中国历史上第一次大规模的中外文化交流，而佛经翻译则是这场文化交流的核心。在尝试与探索的过程中，人们逐渐掌握了文本翻译与思维转化的诀窍，并为后来汉传佛教的发展奠定了基础。

由质而文

支娄迦谶 → 支谦

支娄迦谶：其博学渊妙，才思测微，凡所出经，类多深玄，贵尚实中，不存文饰。

支谦：才学深彻，内外备通，以季世尚文，时好简略，故其出经，颇从文丽。

原本讨论教化与本性的文质之辨在佛经翻译上变成一种翻译标准。从支娄迦谶及其再传弟子支谦在译经风格上的变化，就可看出汉译佛经的文风越来越与中国本有的文学审美相合。

格义佛教的意义

1 吸引 以人们熟悉的哲学概念吸引人们的关注。

2 交流 使用共同的哲学概念促进了佛学与玄学的交流。

3 推进 佛学与中国本有哲学相互交融，推进了中国哲学的发展。

让佛讲汉语还讲出问题来了

两晋时期的"六家七宗"

自慧风东扇，法言流咏已来，虽曰讲肆格义，迂而乖本，六家偏而不即性空之宗。

——《出三藏记集·毗摩罗诘提经义疏序》

■ 般若学的兴起

佛教在东汉末年传入中国后，译经事业也随之展开。当时的两个代表人物是安世高与支娄迦谶，前者主要翻译禅数经典，属于小乘佛教；后者主要翻译般若经典，属于大乘佛教。虽然从佛教的角度而言，安世高与支娄迦谶的翻译工作都具有重要意义，但从哲学的角度来看，支娄迦谶所翻译的般若经典对当时及后来中国哲学的影响更大。

在支娄迦谶于东汉末年译出《般若道行品经》等般若经典后，般若思想并未受到时人的重视。随着后续僧侣进一步译出其他大品般若经典，以及玄学思想的兴盛，大乘般若之学才慢慢被人们认识、关注，并在东晋时期与玄学逐渐融合，成为当时的显学。这种玄学与般若学的融合最终以"六家七宗"的形态呈现出来，成为那个时代哲学思想的高峰。

■ 对空的不同理解

大乘般若经典中所讲的般若之学，其核心在于"性空"二字。因为般若学的性空与玄学的本无有相似之处，故而吸引了僧俗两界名士的关注与思考。所谓的"六家七宗"，是指当时学人对般若经典中的空义有七种不同的理解。根据后人记载，六家分别是本无宗、即色宗、心无宗、幻化宗、识含宗和缘会宗，又因为本无宗分化出一派本无异宗，故而合称"六家七宗"。

影响最大的是道安的本无宗，该宗认为般若学所讲的性空与老子所讲的本无是一个意思，空与无指的都是万物的本体与起源。支遁的即色宗从缘起角度认为色由因缘生而不自有，所以是空的。支愍度的心无宗从心物关系层面认为若能不起执念，无心于外物，外物或有或无都是不重要的。

佛学与玄学的交融

虽然从般若学的正统思想来看，两晋时期的六家七宗对于空性的理解都是不正确的，但在两种异质思想互相交流的初期，这种问题实际是不可避免的；也正因为这些不正确的理解，后人对般若的领悟才会更加准确、深刻。

六家七宗

六家	七宗	代表人物
本无	本无	道安
	本无异	竺法深
即色	即色	支遁
心无	心无	支愍度
幻化	幻化	道壹
识含	识含	于法开
缘会	缘会	于道邃

道安的本无宗

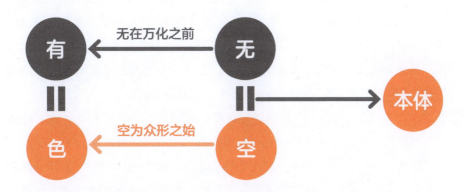

六家七宗中，道安本无宗的影响最大，同时其玄学特质也最为明显。道安完全将般若空义等同于玄学中的本无，这就使得空和无一样变成事物的本体。

专业科班出身有多重要

僧肇对般若的诠释

有无之境，边见所存，岂是处中莫二之道乎？

——《答刘遗民书》

般若学的独立

对于汉传佛教来说，鸠摩罗什来华译经弘法是一个转折点，从此汉地才开始真正了解佛教中观之学。这一方面得力于鸠摩罗什翻译了大量的般若经典，另一方面其弟子的大力弘扬也功不可没。在鸠摩罗什的众多弟子中，僧肇无疑是最得般若真义之人。僧肇将自己阐发般若思想的《般若无知论》呈给鸠摩罗什，鸠摩罗什看后称赞道："吾解不谢子，辞当相挹。"意思是师徒二人对于般若的理解已不相上下，但在阐述般若思想的文辞方面，僧肇要高于他的老师。

在《般若无知论》中，僧肇强调了般若作为佛教的一种独特智慧与世俗智慧之间的区别。僧肇说世俗智慧是建立在分别心基础上的，因此必然有能知与所知、知与不知的对立；但般若智慧超越了一切对立，它"无名无说，非有非无，非实非虚""清净如虚空，无知无见，无作无缘"，是一种究竟圆满的智慧。

对前人的批判

与道安等人以格义的方式从玄学角度来阐发般若思想不同，僧肇因师从鸠摩罗什而系统地学习了印度正统的中观思想，所以僧肇对于般若的理解要远胜于他之前的六家七宗。为了修正人们对般若的错误理解，僧肇著《不真空论》以批判前人，同时宣说空的真义。六家七宗之中，僧肇重点批判的是影响比较大的三家，即道安的本无宗、支遁的即色宗以及支愍度的心无宗。

对于道安的本无宗，僧肇认为这种观点执着于无，以致使无成为一种实体，不合于诸法空性。对于支遁的即色宗，僧肇称这种观点虽然理解了色因缘起而有，所以"色不自色"，却未看到色的本性就是空，即"色之非色"。对于支愍度的心无宗，僧肇批判说："此得在于神静，失在于物虚。"称该观点虽然将问题重点放在心上，但也没有领悟诸法空性的本质。

144

中观正统

佛教在印度的发展大致经历了如下几个阶段：原始佛教、部派佛教、大乘佛教、密教，其中大乘佛教又先后分出了中观学派与瑜伽行派两大派别。鸠摩罗什所传、僧肇所扬的就是中观学派的佛学思想，其思想核心是般若与性空。

不真而空

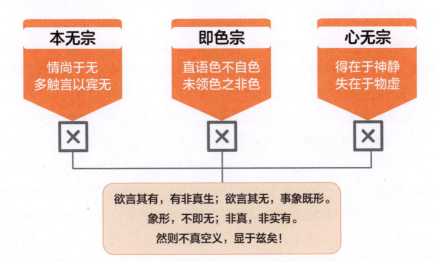

本无宗
情尚于无
多触言以宾无

即色宗
直语色不自色
未领色之非色

心无宗
得在于神静
失在于物虚

欲言其有，有非真生；欲言其无，事象既形。
象形，不即无；非真，非实有。
然则不真空义，显于兹矣！

超越对立

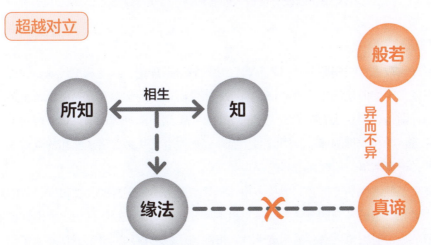

与世俗之智不同，般若智慧观照事物无取无舍，离攀缘思虑，所以"无所有相，无生灭相"。只有这种智慧能了悟诸法空性的真谛，而与真谛"言用即同而异，言寂即异而同"。

什么道理让石头听了都点头称是

敢于挑战经典权威的道生

生剖析经理，洞入幽微，乃说一阐提人皆得成佛。

——《高僧传·竺道生传》

■ 孤独的先觉者

佛教教义认为，佛陀是觉悟者，他觉悟了诸法缘起性空的实相，因此成就了般若智慧，达到了涅槃的境界。所以也可以说，成就涅槃境界即等同于觉悟成佛，而众生成佛之所以可能，是因为众生本具佛性。涅槃与佛性思想是借由涅槃经典传入中国的，最早的译本是法显翻译的六卷本《大般泥洹经》，该经称有一类名为"一阐提"的众生没有佛性，所以无法成佛，当时的僧侣遂奉此义为定论。

然而在鸠摩罗什门下接受过正统般若学训练的道生却不这样认为，他从般若实相的角度论证了一切众生皆有佛性，即便是善根尽断的一阐提也同样具有成佛之因，同时道生还怀疑法显的译本是残本。这种观点引起了当时佛教僧众的不满，他们甚至将道生赶出了建业。后来随着昙无谶翻译的四十卷本《大般涅槃经》传到建业，人们发现经文中明确说一阐提人亦有佛性，于是感慨道生的孤明先发。

■ 渐悟与顿悟

在如何成佛这个问题上，佛教有自己独特的修持理论。这些理论传入中国后同样引发了人们的争论，争论的核心问题是成佛所依靠的觉悟究竟是渐悟还是顿悟。倡导渐悟说者，认为对诸法实相的觉悟有一个循序渐进的次第过程，因而是逐步完善，并在成佛刹那臻至圆满的。倡导顿悟说者，认为对诸法实相的觉悟是即刻的，悟即彻悟，不存在中间过程。

道生是顿悟说的支持者，他从实相无相并与般若不一不异的角度出发，认为无相之实相是不可分割的全体，既然实相不可分割，对于实相的证悟也就不存在今天悟一点，明天悟一点，等到成佛时终于圆满了悟的道理。道生强调对于实相的证悟不是一个"以理验知"的过程，因为能够证悟实相的般若本身也超越了人的理智，所以成就般若、证悟实相是一次性完成的，即是顿而非渐。

不滞于文的涅槃圣

道生之所以能够孤明先发，发现六卷本《大般泥洹经》中关于一阐提人不能成佛的观点并非究竟，原因除了他深厚的佛学修养外，更重要的是他能够抓住佛教教义的核心思想，而不滞于语言文字。

顽石点头

据传，道生在提出"一阐提亦有佛性"的观点之后，坚持旧义的僧众将道生赶出了建业。道生遂来到虎丘山，每天对着石头讲《泥洹经》。在讲到一阐提人时，便说其亦有佛性，随后便问石头："如我所说，契佛心否？"群石纷纷点头表示认可。

儒释之通

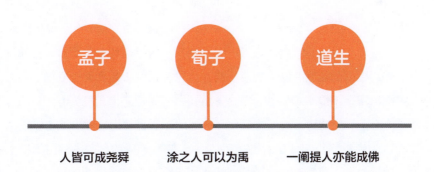

孟子	荀子	道生
人皆可成尧舜	涂之人可以为禹	一阐提人亦能成佛

坚信人的本性中具有一种超越性，这是儒释两家的共通之处。这种共同点为后来中国哲学三教合流及宋明理学的繁盛奠定了基础。

凭什么说善有善报、恶有恶报

慧远的佛教伦理思想

现报者，善恶始于此身，即此身受；生报者来生便受；后报者或经二生、三生、百生、千生，然后乃受。

——《三报论》

德福问题

德福问题是道德哲学领域的一个重要问题，该问题关注的是人的道德行为与人的幸福之间是否具有必然的因果关系，简单讲，就是好人是否会得好报。对于这个问题，《易传》中有"积善之家必有余庆，积不善之家必有余殃"的说法。然而从现实的角度来看，人们发现好人往往不会得好报，坏人却常常富贵长寿。如果人的德行与人的幸福之间并没有什么关系，那么人又为什么要做好事呢？

正是看到了传统德福理论的不完备，慧远才在佛教的因果理论与业感缘起思想的基础上构建了三世因果理论。该理论认为人的德行与人的幸福是绝对的因果关系，但这种绝对的因果关系却不一定会在人的一生中全部显现。因为人在未觉悟之前都是不断生死流转的，所以由德行生成的果报依据因缘可能发生在轮回中的任何一段，可以今生受报，也可以来生受报，更可以后生受报。这就有效地在理论上解释了为什么好人不受好报、坏人却享富贵的矛盾现象。

世出世间之争

佛教是一种出世色彩很强的宗教，强调剃发出家以断绝俗世尘缘，然而这种修行方式却与中国的儒家礼教思想决然对立。这种对立表现在两个方面：一方面是僧人剃发出家，不能奉养父母，有违孝道；另一方面是僧人身处方外，只礼佛而不敬王，有违君臣之道。对于这些儒释之间的矛盾，慧远也做出了相应解释。

慧远认为佛教修行与儒家礼教之间本质上是不矛盾的。在《沙门不敬王者论》中，慧远说僧人出家修行是为了"拯溺俗于沉流，拔玄根于重劫；远通三乘之津，广开天人之路"。这样僧人是"一夫全德"，可以"道洽六亲泽流天下"，所以僧人出家修行不仅不违背儒家礼教，反而是对儒家礼教之最终目标的成全。

因果与神我

慧远在佛教因果理论和业感缘起思想的基础上构建的三世因果理论，有效地解释了传统儒家思想中不易解决的德福矛盾问题。然而该理论必然要以神我的实存为基础，这又引发了后来神灭或神不灭的讨论。

三报论

受之无主，必由于心。心无定司，感事而应。应有迟速，故报有先后。先后虽异，咸随所遇而为对。对有强弱，故轻重不同，斯乃自然之赏罚。

薪尽火传

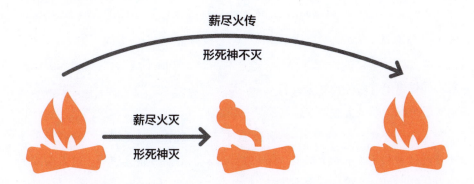

神灭论者常以薪尽火灭为喻来说明形死神灭，慧远则认为火既然可以从燃尽的木柴移到新的木柴上，那么神我自然可以从一个衰亡的形体转移到新的形体中。

每一个生命的心中都有一整个宇宙

天台宗的佛学思想

只心是一切法，一切法是心故，非纵非横，非一非异，玄妙深绝，非识所识，非言所言。

——《摩诃止观》

三谛圆融

隋唐时期，中国佛教开始出现依托不同经典的宗派。由智𫖮所创立的天台宗就是其中最早的宗派，因为该宗以《法华经》为根本经典，故又称"法华宗"。

一切佛教哲学与修行都以证悟诸法实相为最终目的，智𫖮构建的天台宗体系也同样如此。在吸收总结前人思想的基础上，智𫖮提出了"三谛圆融"的理论。所谓"三谛"是指空（无）、假（有）、中三种"审实不虚"的道理，依据龙树《中论》里"三是偈"——"众因缘生法，我说即是无，亦为是假名，亦是中道义"的观点，智𫖮认为空、假、中三谛是三而一、一而三的"即空即假即中"的关系。三谛中的每一谛都圆满地包含了其他二谛；能理解三谛之间的圆融无碍，也就理解了"一实谛"，即诸法实相。

一念三千

心物关系也是佛教哲学思想中一个非常独特的范畴，与中国先秦以来的各种哲学思想都不同，佛教特别是大乘佛教认为万物都是由心而生的，如《华严经》所说"心如工画师，能画诸世间；五蕴悉从生，无法而不造"。智𫖮继承了这种思想，并提出了自己独特的"一念三千"论，他认为众生的每一个心念都完满地具足三千世间，即众生的每一念都具足一切法。

在《法华玄义》中，智𫖮具体解释了"三千"的概念。他说一切存在的全体即法界可分为六凡四圣十个层次，每一法界又同时具足其他九法界，这就构成了百法界；又因每一法界具足"十如是"（相、性、体、力、作、因、缘、果、报、本末究竟等），故成千法界；同时每一法界具足五阴世间、众生世间、国土世间，故成三千世间。这种一念具足一切法的境界也被智𫖮称为"不可思议境"。

佛教中国化的开端

　　两晋之后，佛教各部经典的相继传入让佛教的正统义理不断为汉地僧众所了解、熟悉。至隋唐时期，对佛教教理的理解已臻完备，高僧大德们于是开始着手构建中国化的佛教思想体系，智颛就是其中的代表人物之一。

三谛与实相

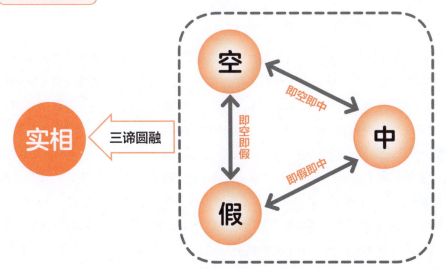

一心具足一切法

（每一法界皆具足十法界）

唐僧取回了怎样的真经

唯识宗的佛学思想

识性识相，皆不离心。心所心王，以识为主。归心泯相，总言唯识。

——《成唯识论述记》

■ 统摄全体佛学的尝试

玄奘是中国历史上的一代高僧。他天资聪颖，少年出家后参学了当时流行的各大佛教流派，深入地学习了佛教各部经典。在这一过程中，玄奘发现不同佛典与流派间的思想常有矛盾之处，这让玄奘"莫知适从"，于是他立誓要前往印度学习最正统的佛法以消除疑惑。在得知印度那烂陀寺有能统摄全部佛教思想的《瑜伽师地论》后，玄奘便踏上了西行求法之旅。

玄奘西行求法历经十七年。他在那烂陀寺于戒贤门下受学五年，听戒贤讲授《瑜伽师地论》三遍；随后他又在印度各地参访名师，最终将自己所学融会贯通，并在印度佛教界赢得了"大乘天""解脱天"的美誉。回国后，玄奘在唐太宗与唐高宗的礼遇和支持下开始了经论的翻译工作。从其翻译的经论类型与规模中，我们可以看出其欲以瑜伽行派的唯识思想统摄全体佛学的用心。

■ 八识与种子

唯识宗所谓的"万法唯识"，是说一切存在都是识的"了别"与"变现"，识既是认识的主体，也是所认识对象的本体。唯识宗认为，除了识"了别"自身"变现"外，没有任何事物是实存的，所以"万法唯识"的另一种说法也叫"唯识无境"。识有八种，分别是眼识、耳识、鼻识、舌识、身识、意识、末那识和阿赖耶识，其中阿赖耶识是本识，其他七识都是依此转生，故称转识。

阿赖耶识作为本识，其中藏有无数种子，所谓种子是指"本识中亲生自果功能差别"，即生起种种相续现象的因果功能。阿赖耶识中的种子按照性质可分为有漏种子和无漏种子，按照来源可分为本有种子和新熏种子。有漏种子的本有与新熏造成了生灭变化与生死流转，无漏种子的本有与新熏则是觉悟成佛的前提与方法。通过不断地将有漏种子熏习成无漏种子，就能转识成智，获得究竟解脱。

印度佛学在中国

唯识宗的佛学义理是从印度直接"复制"到中国来的，然而其名相繁多、逻辑严谨、结构宏大的特点却与中国人重简洁实用的思维习惯相矛盾，故而在玄奘、窥基立宗后并未得到广泛持久的传播，直至近世才逐渐成为显学。

识与智

八识	四智
眼识	成所作智
耳识	
鼻识	
舌识	
身识	
意识	妙观察智
末那识	平等性智
阿赖耶识	大圆镜智

唯识宗认为所谓觉悟的过程就是将八识中的染分转化为净分的过程，当八识中的染分都转化成为净分之后，原来的八识就会转化为相应的智慧，这就是转识成智。

三自性

遍计所执性	依他起性	圆成实性
所谓诸法依因言说所计自体	所谓诸法依诸因缘所生自体	所谓诸法真如自体
虚妄	假有	真实

你与万物之间真的存在差别吗

华严宗的佛学思想

法界缘起，无碍自在，一即一切，一切即一。

——《华严一乘教义分齐章》

法界缘起

华严宗是由唐代高僧法藏创立的中国佛教宗派，因该宗以《华严经》为宗经，故称华严宗；又因法藏得武则天赐号"贤首"，所以也称贤首宗。华严宗的理论核心是法界缘起理论，在佛教用语中，法可以指代任何存在，所以法界就是一切存在的集合或全体。不同佛教宗派对法界的阐述各有侧重与不同，华严宗在阐述法界时，强调"一切即一，一即一切"的观点，即法界之中一切法都可以在一法之中体现，同时任意一法也能完全融摄其他一切法。这种法界之中一法缘一切法、一切法缘一法的理论就是法界缘起。

关于法界的分类，华严宗提出了著名的四法界说——事法界、理法界、事理无碍法界和事事无碍法界。事法界指的是由认识产生的具有差别意义的现象界；理法界是指事物本体平等无差的真如体性；事理无碍法界是指认识到了事物现象与事物体性间圆融无碍的证悟境界；事事无碍法界是指现象与本质统一后，任一事物都与其他所有事物圆融无碍的真常境界。

六相圆融

为了说明华严宗所推崇的这种一真法界，法藏提出了六相圆融的观点。所谓六相是三组两两相对的概念，即总相与别相、同相与异相、成相与坏相。为了让人们能够清晰地理解这种圆融观，法藏以金狮子像为喻对六相做了说明。

将金块塑造成狮子的形象，这是总相；其有眼、耳、鼻、舌、身五根，这是别相。金狮子的五根都由金所塑，为同相；五根各各有别，为异相。此五根聚集在一起构成了狮子的形象，是成相；同时诸根又彼此独立、互相分离，是坏相。六相之中，总相、同相、成相属于全体视角，别相、异相、坏相属于个体视角。全体与个体、个体与个体之间相即相成、圆融无碍，这就是法界缘起的真义。

中国佛教哲学的高峰

与天台、唯识等宗派强调从妄心妄识开始修证佛法不同，华严宗以一真法界和真如佛心作为立论的基点，使佛学的中国化达到了一个高峰，并对后来中国哲学的发展产生了深远影响。

五教与十宗

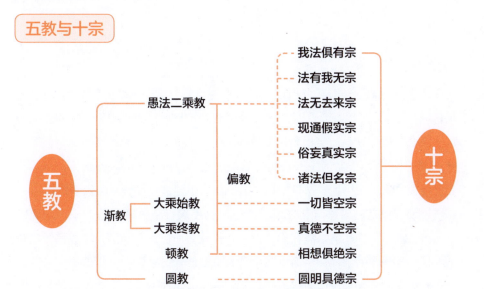

五教

愚法二乘教 —— 我法俱有宗 / 法有我无宗 / 法无去来宗 / 现通假实宗 / 俗妄真实宗 / 诸法但名宗 —— 偏教

渐教 —— 大乘始教 —— 一切皆空宗 / 大乘终教 —— 真德不空宗

顿教 —— 相想俱绝宗

圆教 —— 圆明具德宗

十宗

判教是中国佛学的一大特点，所谓判教就是对佛陀于不同时期所宣讲的不同法义做分判归类，以展现佛教思想的体系性与阶段性。在华严宗的判教理论中，华严宗将自己判为圆教，这是华严宗对自己在佛教派别中地位的认定。

重重无尽

华严宗在讲法界缘起理论时，曾用因陀罗网做比喻。传说因陀罗网是帝释天的宝物，此网由无数宝珠构成，每一颗宝珠都能映现整张网。华严宗以此说明一即一切、一切即一的道理。

因陀罗网

最具中国特色的佛教长什么样子

禅宗的佛教改革

> 菩提本无树，明镜亦非台。本来无一物，何处惹尘埃。
>
> ——《坛经》

■ 教外别传

在禅宗传说中，梵天在灵山以金色波罗花供养佛陀，并请佛陀为大众说法，于是佛陀以手拈花，"人天百万，悉皆罔措"，独有迦叶破颜微笑，佛陀说："吾有正法眼藏，涅槃妙心，实相无相，微妙法门，不立文字，教外别传，付嘱摩诃迦叶。"根据这一传说，佛陀不立文字的微妙法门经由迦叶的教外别传，经达摩传到汉地，最终在六祖惠能这里发扬光大，成为中国极具影响力的佛教宗派。

应该说，禅宗的兴盛与其之前佛教宗派的发展有十分密切的关系。隋唐以来，天台、唯识、华严诸宗派在佛学理论的构建方面已臻至圆满，这些宗派培育出了大批学养深厚的僧才；然而佛教毕竟是重视修证的宗教，只懂理论无法在证果上有所成就。就在理论逐渐成为修行的障碍时，惠能不立文字的禅宗顿教法门迎合了人们的需求，自此禅宗大盛，以至宋朝时，禅宗与佛教几乎成了同义词。

■ 修与悟

在禅宗五祖弘忍门下，神秀与惠能分别代表了渐修与顿悟的两种修证方式。这一点在二人的心偈中便清楚地表现了出来。神秀说"时时勤拂拭，勿使惹尘埃"，惠能却道"本来无一物，何处惹尘埃"，由此可见神秀仍然执着名相，而惠能已得无念无相无住之悟。在根本处，神秀与惠能虽然高下立判，但在修证实践方面，却不能说谁对谁错，针对不同的人，两者都可以是正确的。

关于渐修与顿悟的关系，惠能讲得十分清楚，他说"法即一种，见有迟疾。何名顿渐？法无顿渐，人有利钝，故名顿渐"，可见人之选择渐修或顿悟是与其根性有关的。弘忍与惠能都肯定神秀所主张之渐修的意义，不过在明心见性方面却只能"自性自悟，顿悟顿修，亦无渐次"。禅宗后门对惠能所宣扬的顿悟顿修多有坚持，这也成了禅宗的风格。

心性本觉

在华严宗确立了众生本有真如佛心这一中国佛教的基本立场之后，禅宗进一步从修证的角度给出了如何证悟自性的实践方法。到了禅宗这里，佛教中所蕴含的主体性意蕴终于被提升到了一个新的高峰。

何谓自性

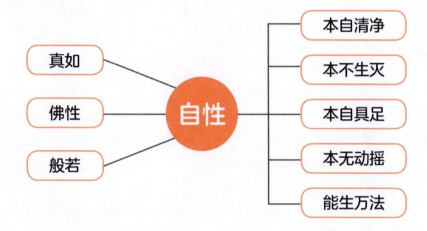

157

惠能认为对自性的觉悟是佛教修习中最重要的，因为自性与真如、佛性、般若、菩提、涅槃等无二无别。

修行法门

无念为宗
无念者，于念而不念

无相为体
无相者，于相而离相

无住为本
于一切法上念念不住，即无缚也

在如何修行方面，惠能倡导无修之修，惠能称这种无修之修是顿渐的根本，如其所说"顿渐皆立无念为宗，无相为体，无住为本"。

第四部分

理与心：
宋明时期的哲学思想

第一章
理学的酝酿与大成

一张图也能构建一个哲学体系
周敦颐的《太极图说》

五行一阴阳也，阴阳一太极也，太极本无极也。

——《太极图说》

📖 理学的开山祖

周敦颐，字茂叔，世称濂溪先生，是北宋理学的代表人物，同时也被学术界认为是宋代理学的开山祖。然而从周敦颐的生平与程颢、程颐对他们这位曾短暂问学的老师的看法来看，周敦颐在世时既没有进入政治与学术的中心，其死后也未留下大量著作，二程对周敦颐亦不甚推崇。直至南宋时期，在朱熹等人的发现与推崇之下，人们重新发现了周敦颐思想的丰富性与时代性，周敦颐在理学史上的地位得以重新确立。周敦颐之所以对宋代理学如此重要，是因为他最早建立了一个初步的宇宙论框架，这一框架载于其《太极图说》一文中。

📖 无极而太极

《太极图说》是周敦颐依据道家的《太极图》而做的解释与发挥。周敦颐在文中认为，太极以动静分阳阴，阳变阴合而生五行，进而化生万物。从太极到万物，周敦颐的阐述并未超越已有的宇宙生成论，周敦颐的突破点在于他提出了"无极而太极"的观点，这一观点引发了人们关于无极与太极之间关系的讨论。在众多观点中，朱熹的观点较为贴近周敦颐的本意。朱熹从周敦颐对动静与物神的论述出发，说明了无极与太极之间并不是生成关系，而是一而二、二而一的互即关系。事物的生成是太极动静变化的体现，而使太极的这种动静变化成为可能的，是其"动而无动，静而无静"的神，这种能"妙万物"的神正是太极本无极的所在。

实有的宇宙本原

隋唐之际，相较于佛教义理的精深与完备，中国儒道两家的哲学思想显得浅薄而粗糙，以至华严宗人称佛教"浅浅之教"已超儒道"深深之说"。北宋周敦颐《太极图说》的出现，标志着中国本土哲学开始有能力与佛教思想相抗衡。

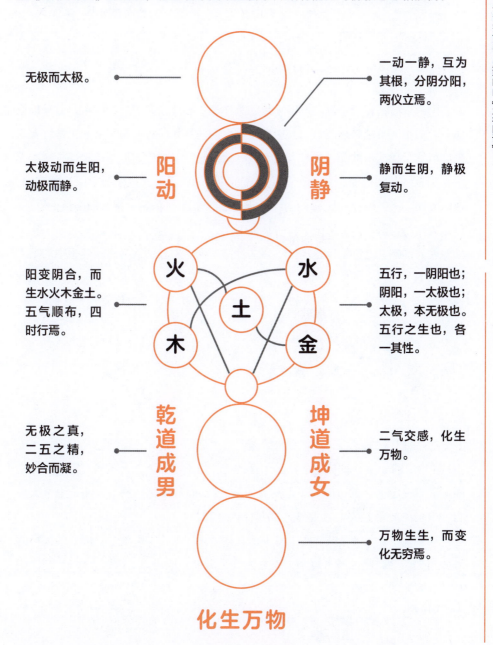

无极而太极。

一动一静，互为其根，分阴分阳，两仪立焉。

太极动而生阳，动极而静。

阳动

阴静

静而生阴，静极复动。

阳变阴合，而生水火木金土。五气顺布，四时行焉。

火 **水**

土

木 **金**

五行，一阴阳也；阴阳，一太极也；太极，本无极也。五行之生也，各一其性。

无极之真，二五之精，妙合而凝。

乾道成男

坤道成女

二气交感，化生万物。

万物生生，而变化无穷焉。

化生万物

圣贤为什么没有烦心事

周敦颐谈"诚"与"人极"

圣，诚而已矣。诚，五常之本，百行之源也。

——《通书·诚下第二》

📖 圣人之本

隋唐以后，相较于佛教严密精致的本体论、心性论和实践论体系，儒家理论体系上的不完备越来越凸显，其中一个重要问题是如何将人与宇宙真正地统合起来。虽然汉代的董仲舒已然有人副天数、天人感应的理论，但是这种理论根本无法与佛教哲学相抗衡。重新确立天人之间的合一关系，就成了儒学振兴的基础。在这方面，周敦颐在《周易》《中庸》思想的基础上，借鉴了佛教的心性论思想，以诚为枢纽，对天人关系做了新的整合工作。

就如同佛教的觉悟者是证悟了诸法性空一样，周敦颐认为儒家理想中的圣人所达到的天人合一的境界就是真实完满地通达了天地万物的本性——诚。周敦颐说"诚者，圣人之本"，而诚来自生化万物的乾元。"乾道变化，各正性命"，在"正性命"的过程中，诚便得到了安立。这一过程可分为两部分，"继之者善也，成之者性也"，如此诚在具有自然意义的同时也具有了道德意义。周敦颐说"圣，诚而已矣"，意即圣就是诚，所谓圣人就是完满地实现了诚性的人。

📖 从无极到人极

通过确立诚的地位，周敦颐将天道与人道联结了起来。既然已经明确了人能由诚而圣，那么具体的成圣之法是怎样的呢？周敦颐认为，人虽然与万物同样是阴阳二气交感而生的，但人"得其秀而最灵"，而最得其性的圣人便定下来人极为"中正仁义而主静"，便是成圣的具体内容。

如果说中正仁义是诚性在人身上的具体表现，那么主静就是达成这些德行的修养功夫。周敦颐说圣人可学，其方法就是无欲。他说"无欲则静虚动直"，这与"动而无动，静而无静"的无极之神妙作用相合。静虚便能明通，是静而无静；动直便能公溥，是动而无动。达到这种境界，便能与天地大道合一而为圣人了。

寻孔颜乐处

除了从形而上学的角度对儒家传统的天人关系做出新的构建外，周敦颐也同样重视如何实现儒者理想的生命境界，所以他所提出了"寻孔颜乐处"这一命题，即在现实生活中体悟圣人的快乐。

亚圣之乐

天地间有至贵至富可爱可求而异乎彼者

见其大 > 心泰 > 无不足 > 处之一 > 化而齐

周敦颐在谈及颜回时，说颜回之所以不追求富贵而能乐于清贫，是因为他明白了天地大道才是真正值得追求的事物，这为颜回带来了超越富贵贫贱的快乐。

以莲为喻

周敦颐曾撰《爱莲说》一文来抒发自己的儒者志向。他借莲花为喻，称莲花"出淤泥而不染，濯清涟而不妖"。这种不染不妖也正是治世儒者的高尚品格。

虚空是绝对的无吗

张载发展出气论的新形态

太虚无形，气之本体；其聚其散，变化之客形尔。

——《正蒙·太和篇》

太虚与气

自先秦以来，很多哲学家都以气来阐述天地万物的运动变化。张载也将其立为自己哲学体系的最高范畴。但与之前的气论思想不同，张载给了气另一个名称——太虚。张载之前的哲学家虽然也使用太虚这个概念，但太虚对他们而言不过是一个一无所有的空间。张载则认为太虚与气不是两种存在，太虚不是容纳气的场域，相反，太虚是气的本体，而气是太虚的显现，二者之间是本质与现象的一体关系。这是张载气论的独特之处。

太虚与气的这种本质与现象的关系用中国哲学术语来讲就是形上与形下的关系。现象世界的运动变化是气的聚散过程，而现象之后的本质即太虚则是至静无感的，这种无感无形的太虚是"性之渊源"。两者的关系用张载自己的话说，就是"知虚空即气，则有无、隐显、神化、性命通一无二"。

神体化用

太虚与气的关系既是本质与现象的关系，也是体用关系，这种体用关系张载称之为神与化；又因为现象界的变化是气的功能展现，而太虚与气又是不二的，所以从事物变化的角度来讲，神与化也统一于气。这就如张载在《正蒙·太和篇》中所说的："神，天德；化，天道。德，其体；道，其用。一于气而已。"

张载认为，气的这种神化功能是宇宙万物发展变化所依持的根本法则，具有绝对的客观性，不以人的意志为转移；但人可以通过"穷神知化"的方式去了解、参悟这一"天之良能"。想要了解气的神化功能，就要看到事物的"两"与"一"。所谓两是指气的阴阳二性，一是指气的神妙本体。对于两与一的辩证关系，张载说"两不立则一不可见，一不可见则两之用息""一故神，两故化，此天所以参"。

太和所谓道

　　"太和"是张载气论思想的一个重要概念。从字面上看，太和二字的意思就是极致的和谐，张载认为这种极致的和谐就是道。气之阴阳两性以神化生万物，虽有胜负相荡的变化，却相合而不相害，这种和谐就是大道的体现。

太虚、气与万物

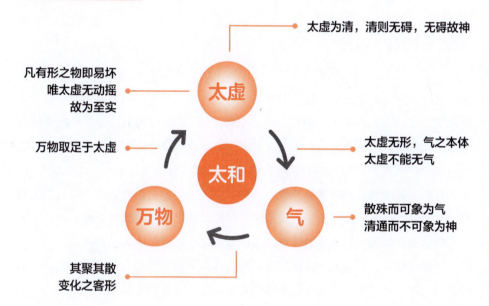

太虚为清，清则无碍，无碍故神

凡有形之物即易坏
唯太虚无动摇
故为至实

太虚无形，气之本体
太虚不能无气

万物取足于太虚

散殊而可象为气
清通而不可象为神

其聚其散
变化之客形

一物两体

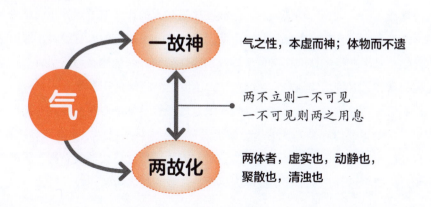

气之性，本虚而神；体物而不遗

两不立则一不可见
一不可见则两之用息

两体者，虚实也，动静也，
聚散也，清浊也

"我"与世间万物的关系是怎样的

张载对天人关系的推进

圣人尽性，不以见闻梏其心，其视天下无一物非我，孟子谓尽心则知性知天以此。

——《正蒙·大心篇》

性分两类

在阐述完太虚与气的本体论之后，张载紧接着从本体论转向心性论，开始了对人的探讨。他关于人的心性的观念是与其本体论一脉相承的，这体现在他对于性的独特定义上。张载说"合虚与气，有性之名"，在他看来，性是从太虚与气中直接产生的，这种性能通有无虚实而为一，是一切存在的真性与本性。

这种性既然为万物所共有，故张载也称之为天地之性，这种性普遍而绝对，无此性则不得成物。同时张载还认为天地之性并不是唯一的性，当万物由气生成之后，各自又有具体而相对的气质之性。这种气质之性有清浊薄厚的不同，事物之间的差异性即是气质之性的体现。人在万物之中，同样也兼具天地之性与气质之性。张载认为，人既然有天地之性，则人性与天地大道相合就有了根据，这是性善的基础；只要能反省气质之性而存天地之性，就能成为君子甚至圣人。

大其心

既已确定了人有天地之性而能与大道相合，那么如何反省气质之性而充盈天地之性就成了一个成德的功夫问题。张载在这里对人的认知做了划分，他认为人有见闻之知和天德良知两种认知能力。所谓见闻之知是指人的感官经验，即由感官与外物接触而获得的认知；天德良知或称德性所知，张载称其为诚明所知，是对道德的认知，这种认知独立于见闻之知，不以见闻之知为其来源。

由此可见，成德的功夫就在于如何扩展这种天德良知。对此，张载从其性论角度对孟子的尽心以知性知天的思想做了发挥。张载认为既然人本有天地之性，那么只要扩充这种天地之性，用内心的这种与万物一同之性去通贯万物，就能与天心相合，这个过程在孟子那里被称为尽性，张载则称之为大其心。

天人合一的新高度

通过整合张载的本体论与心性论，我们可以发现张载哲学思想的一条完整的思路：人因太虚、气及天地之性而得以存在，人通过大其心扩充其天德良知而能与万物一体，与天心相合。

民胞物与

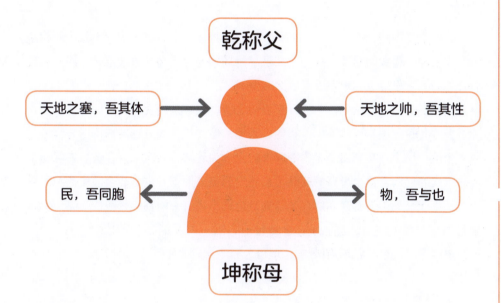

乾称父

天地之塞，吾其体

天地之帅，吾其性

民，吾同胞

物，吾与也

坤称母

横渠四句

为天地立心

为生民立命

为往圣继绝学

为万世开太平

张载

张载最广为流传的"横渠四句"非常直接而清楚地阐明了儒家哲学的价值取向。这四句也成为后世许多儒家学者的人生态度与最高理想。

人人都要讲理，但"理"是什么
程颢与程颐的理一元论

天下只有一个理。

——《程氏遗书·刘元承手编》

■ 天下一理

我们常说中国哲学史上有一个十分重要的哲学派别叫程朱理学，其中的程是指北宋程颢、程颐两兄弟。因为二人最早将理确定为最高的哲学范畴，因此由他们开创的哲学思想也就顺理成章地被称为理学。

二程认为，从自然到社会的万事万物之所以能够发展变化，是因为每一事物都遵循着各自的理。虽然不同事物各有其理，但二程认为万物之理可以最终抽象成一个理。这个理客观而绝对，不以人的意志为转移，同时永恒存在。在规律义与法则义的层面，这个最高的理既是自然界的最高原则，也是社会人伦的绝对规范；从生成义的角度看，一切存在"都自这里出去"，并统一于理。在二程看来，理是唯一的形上之道，其他所有事物包括阴阳在内都是形下之器；同时"器亦道，道亦器"，道与器是不可分的，理也分有于万物之中。

■ 仁之本体

二程虽然将万物之理抽象为最高的本体，但这并不意味着他们只想构建一种全新的形而上学。自命为儒家道统继承者的二程，其关注点仍然与儒家学派重视社会人事的价值取向相一致，所以在理一元论的基础上，二程重新诠释了儒家的仁学思想。

在仁学方面，二程认为以往对于仁的阐发都是从其用的层面来讲，比如孔子称仁者爱人，孟子以恻隐之心为仁等，但他们都没有关注到仁的本体。二程从其理一元论的角度出发，认为"仁者，浑然与物同体"。人们总以为仁是人类所独有的道德品质，但二程强调"人在天地间与万物同流""有道有理，天人一也，更不分别"，所以仁与理也是无二无别的，仁的本体就是理。

形上与形下

将理从一般中抽象出来并确立最高本体，是二程兄弟的独特贡献，就如程颢所说的，是"自家体贴出来"。与以往的中国儒家哲学不同，从二程开始，儒学开始变得精致起来，一个全新的儒学体系即将诞生。

道与器

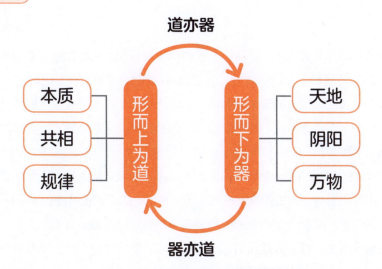

程颢认为，《易传·系辞上》中"一阴一阳之谓道"并没有明确区分开道与器。在将理抽象为最高本体后，天地、阴阳便与万物一样被降为器的范畴。

由理而礼

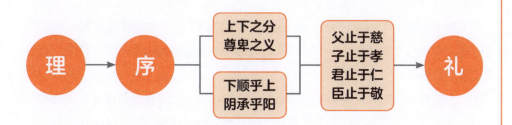

二程认为，礼虽然是对社会人伦的规范，但其本质是天理秩序在人事上的体现。

为什么会有人偏偏不讲理

程颢与程颐的善恶观

> 性即理也，所谓理，性是也。
>
> ——《程氏遗书·伊川杂录》

■ 性即是理

在将理确立为最高本体之后，二程将视角移回到人的心性问题上。在"天下一理"的理论前提下，二程认为"天之付与之谓命，禀之在我之谓性"，意思是上天以造化之功给予人的是生命和形体，因生命与形体而内在于人的便是性。由于这种生成关系，天、命、性三者是统一的，性出自于命，性之中自然而然的那部分便是天理。

与前人同样，二程也看到了人性之中并不完全是自然天理，人性的善恶也让他们将人性划分为不同的类型。在这方面，二程的思想略有不同。程颢引入气的概念，认为善与恶是气禀的不同表现，本然之性则超越善恶、非善非恶。程颐则认为人的本然之性就是善的，他引入才的概念，认为才禀于气，气有清浊导致才分贤愚，所以人性本善但才可为恶。

■ 理与心一

与性相对应的另一个重要概念是心，二程认为心是性的实体化，二人称"性之有形者谓之心"。因为性理相即，所以心也与天理相应，然而作为有形之物，心虽然在体上与理为一，但在用方面却不必然地时时事事都依循天理。在这里，程颐依《中庸》之义对心做了未发和已发的区分。程颐说"心本善，发于思虑，则有善有不善。若既发，则可谓之情，不可谓之心"，可见在程颐这里，通过将可能不善的已发之情分离出去，他所谓的心便纯化为绝对的善，这与其性论思想是相一致的。

对心之体用的讨论又引生出道心与人心的区别。道心是与天理完全相同的心之本体，人心则是无时不处于已发状态的感性欲望。这两者间的对立虽然指明了由凡入圣的成德之路，却也造成了后来天理与人欲的分裂与对立。

必然的二分

提及宋代理学，我们总会想到"存天理，灭人欲"这个命题，这个命题虽然不是由二程正式提出，但将理抽象化、绝对化以及把天理与人欲对立起来的做法也让两人产生了"灭私欲则天理明矣"的思想。

关于性的不同观点

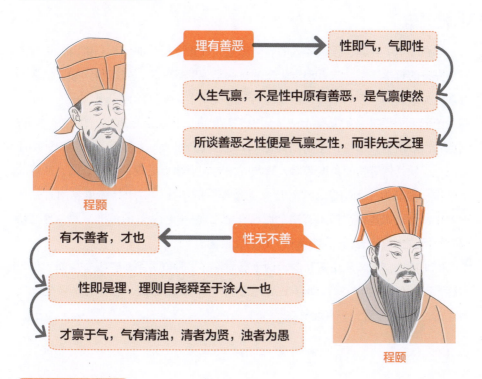

理有善恶 → 性即气，气即性

人生气禀，不是性中原有善恶，是气禀使然

所谈善恶之性便是气禀之性，而非先天之理

程颢

有不善者，才也 ← 性无不善

性即是理，理则自尧舜至于涂人一也

才禀于气，气有清浊，清者为贤，浊者为愚

程颐

理与情的对立

心

未发 → 道心 → 天理

已发 → 人心 → 情欲

存天理灭私欲

为什么人可以不讲理，但却无法离开理

朱熹对理一元论的改造

> 理未尝离乎气，然理形而上者，气形而下者，自形而上下言，岂得无先后？
>
> ——《朱子语类·太极天地上》

▣ 理先气后

朱熹继承了程颢、程颐等人的理学思想，并做了精致的分析和推演，构建出一个完备的哲学体系。朱熹理学思想的核心是他的理气论，与二程一样，朱熹也将理定为最高的本原与本体，但在理与气的关系上，朱熹的讨论更加深入。在二程关于形上形下区分的基础上，朱熹说"理也者，形而上之道也，生物之本也；气也者，形而下之器也，生物之具也"；理与气之间的形上形下关系是一种辩证的统一。从具体事物的角度来看，理与气同时在事物上显现，不可分离；从理的角度看，理既为"无情意、无计度、无造作"的本体，对于具体事物而言是一种先在，所以朱熹说"虽未有物，而已有物之理"；但从气的角度来看，理又须"存乎是气之中"，"若气不结聚时，理亦无所附着"。

由此可见，朱熹从现实和逻辑两个层面论述了理气关系：在现实层面，理气共存，"理又非别为一物，即存乎是气之中"；在逻辑层面，理作为本体先于气而存在，"有此理后，方有此气"。

▣ 理一分殊

理只有一个，同时世间万事万物都体现这同一之理，这就是理一分殊的基本内涵。理一分殊这个命题最早是程颐提出来的，他用这个命题回答他的学生关于张载民胞物与和墨子兼爱的区别。朱熹继承了这一命题，同时又对这一命题做了发挥。朱熹结合周敦颐的《太极图说》阐发了理一分殊的思想。他提出了"自下推而上去"和"自上推而下来"两条路，"自下推而上去，五行只是二气，二气又只是一理"，这是理一；"自上推而下来，只是此一个理，万物分之以为体"，这是分殊。朱熹用佛教"月映万川"的比喻更形象地说明了理一分殊，就像所有河川都可以完整地映现出同一个月亮，任何事物也都完整地涵盖了同一之理。

理学之集大成者

朱熹是宋代理学的集大成者，其理学思想对后世产生了极大影响。他注释的"四书"在元代恢复科举之后成为科举考试的标准，其理学体系也在明清两代被帝王定为官方哲学和儒学正宗。

三种角度

理

虽未有物
而已有物之理
有此理后
方有此气

气

理又非别为一物
即存乎是气之中
若气不结聚时
理亦无所附着

物

但在物上看
则二物（理、气）浑沦
不可分开各在一处
然不害二物之各为一物也

月映万川

月

一月普现一切水
一切水月一月摄

理

一理分有于万物中
每一事物都分有完整的理

月映万川的典故出自唐朝禅宗高僧永嘉玄觉的《证道歌》，这一思想被朱熹借用过来，用以阐发其理一分殊的思想。由此可见禅学与理学之间的关系。

想吃美食也是一种罪恶吗

朱熹谈天理与私欲的对立

饮食者，天理也，要求美味，人欲也。

——《朱子语类·力行》

人欲中自有天理

在从宇宙论与本体论的层面确立了理与气的概念与关系后，朱熹将之运用到伦理学中。他继承了二程关于善恶问题的处理方式，并对之做了更细致深入的探讨。朱熹认为，人有两种性，一种性是分殊于天理的天地之性，另一种是由气凝形而有的气质之性。这两种性的区别，朱熹很明确地说"论天地之性则专指理言，论气质之性则以理与气杂言之"，这种区别与朱熹的理气关系是一致的。

准确地讲，朱熹将人性分出天地之性与气质之性并不意味着前者为善而后者为恶。天地之性为纯粹的善是确定无疑的，同时气质之性也并非绝对的恶。朱熹认为"饮食男女"这种"合当如此"的气质之性是自然正当的，这种人欲是与天理相合的，是天理的一种表现，故朱熹说"人欲中自有天理"。关于恶，朱熹认为"恶不可谓从善中直下来，只是不能善，则偏于一端而为恶"，可见恶是善的过与不及，朱熹将这种恶称为私欲。

善恶在心

这样，朱熹的善恶观就很清楚了，善的标准是天理，是人性中的天地之性以及与天理相契的气质之性和自然欲望；而恶则是人欲中的非自然欲望，即私欲。朱熹举例说："饮食者，天理也，要求美味，人欲也。"由此可见天理与私欲间的对立关系是非常紧张的，这也使得严格来讲内涵不同的人欲与私欲，在朱熹看来就完全是一回事了。

朱熹认为人为善为恶的关键在于心，心具有知觉功能，"一人之心，合道理底是天理，徇情欲底是人欲"。朱熹继承了程颐关于道心和人心的划分，他认为所有人都兼有道心与人心，"虽圣人不能无人心，如饥食渴饮之类；虽小人不能无道心，如恻隐之心是也"；但人"必使道心常为一身之主"，使行为合于天理。

朱熹的道德实践论

在道德实践方面，朱熹认为人需要从内外两个方面来体会、认识并践行天理。内在方面，朱熹强调心不论处在未发还是已发状态，都要做到敬；外在方面，朱熹认为人需要通过格物致知的方式认识蕴藏在万物之中的天理。

敬贯动静

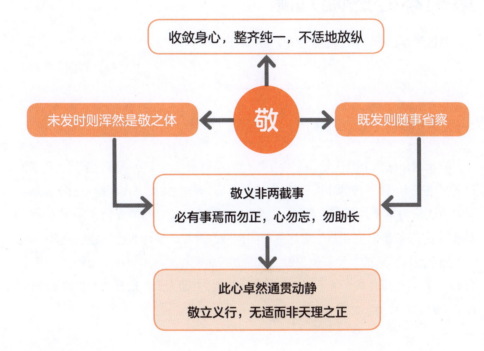

敬贯动静

朱熹认为，人一旦通过格物的方式豁然贯通了众物之表里精粗，那么就能完全洞彻天理，同时"吾心之全体大用无不明矣"。

第二章
陆王心学

读遍圣贤书就能成为一个好人吗
重视本心的陆九渊

> 宇宙便是吾心，吾心便是宇宙。
>
> ——《陆九渊集·年谱》

📖 对孟子思想的继承

陆九渊在他那个时代是一个特立独行的思想家。他十分早慧，据其《年谱》记载，他在十三岁时就提出了"宇宙便是吾心，吾心便是宇宙"这一根本命题。同时他还认为每个人都有这种心，这种心不受时间或空间的限制，"此心同也，此理同也"。心是陆九渊哲学思想的核心概念，对此，他称自己的思想是直接从孟子那里继承而来的，比如他曾说"四端者，即此心也；天之所以与我者，即此心也"。在陆九渊看来，孟子所说的"良知良能"，即人天生所具有的先验的道德自觉，就是人心及心之理。

📖 六经皆我注脚

一切存在的根本依持是心，而心又是每一个人都具有的，所以事物及其道理都只是内在之心的外在显现，这种理论与朱熹将外在抽象的天理当作最高本原是完全对立的。在具体的实践中，陆九渊也走了和朱熹完全不同的路数，他继续按照孟子的思想，提出了"发明本心"的观点。陆九渊认为所谓"学"，并非认识事物、学习知识，而是提升道德修养，明白这一点就可谓"知本"了。有了这种"知本"的道德觉悟，在认知这个世界时就会有截然不同的视角，就会发现先贤所著六经之内容完全是人心之理的显现，所以陆九渊说"学苟知本，六经皆我注脚"。

心理不二

宇宙之中存在着一种"不以人之明不明、行不行而加损"的理，这是宋代哲学思想所共许的根本命题。陆九渊在承认该命题的同时认为，这种理并不在外，就在人心之中，"是极是彝，根乎人心，而塞乎天地"。

宇宙与吾心

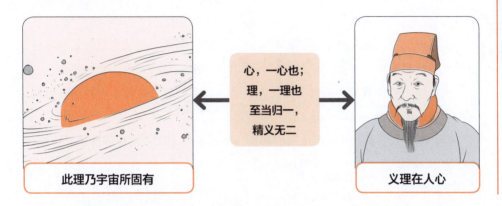

心，一心也；
理，一理也
至当归一，
精义无二

此理乃宇宙所固有

义理在人心

在陆九渊看来，心与理的关系并非生成关系，而是同一关系。他肯定"人皆有是心，心皆具是理"，人之为学、提升道德修养的关键就在于发明本心。

我与六经

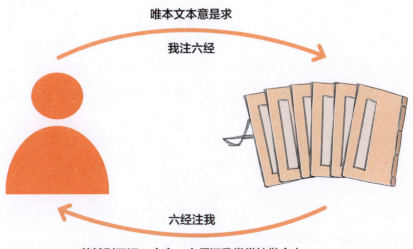

唯本文本意是求

我注六经

六经注我

若某则不识一个字，亦须还我堂堂地做个人

中国古时的哲学家是如何吵架的

朱熹与陆九渊的论辩

朱以陆之教人为太简，陆以朱之教人为支离，此颇不合。

——《陆九渊集·年谱》

📖 分或不分

朱熹重天理，陆九渊重本心，两人之间的思想差别引起了当时学人的关注。当时另一位思想家吕祖谦为了调和两人的思想，使二者的观点"会归于一"，便于南宋淳熙二年初夏邀约朱熹与陆九渊共聚鹅湖寺，就一些哲学问题展开论辩。这场哲学论辩就是中国哲学史上著名的"鹅湖之会"。

陆九渊与朱熹的哲学观点之所以不同，其根本在于二人构建各自思想体系所依据的本体论是不同的。朱熹以理作为本体，认为人的心性在分有理的同时还要受到气的影响，所以朱熹用理与气的相对与二分有效解释世界负面性存在的同时，也明确了格物与主敬的修养方式。陆九渊的本心说则不做理气二分，既然宇宙与吾心相即不二，那么人只需发明本心而不用穷究经传物理，"须收拾精神，自作主宰"，便能够成就完善的品德与人格。

📖 先后之争

在鹅湖之会中，朱陆双方辩论的一个核心主题是"为学之方"。在成德成圣的功夫上，朱熹与陆九渊之间存在着很大的分歧。二人借用《中庸》里"尊德性"和"道问学"表明自己的立场，就"尊德性"和"道问学"谁先谁后的问题展开激烈辩论。朱熹以其格物致知的功夫强调"道问学"以循序渐进，陆九渊则以其发明本心的功夫强调"尊德性"以"先立乎其大"。

在这一问题上，朱熹与陆九渊在阐述自己观点的同时，也对对方有所批评。参与这一辩论的旁观者称，朱熹的修养功夫是让人先"泛观博览"，然后归约于天理；陆九渊的修养功夫则是"欲先发明人之本心，而后使之博览"。朱熹批评陆九渊"教人为太简"，陆九渊则批评朱熹"教人为支离"。可见朱熹的功夫路数是从问学到德行，而陆九渊则以德行为本、问学为末。

"尊德性"与"道问学"

自《中庸》提出"君子尊德性而道问学"以来，"尊德性"和"道问学"就成了儒生两大"用力之要"。对此，朱熹认为两者需同时着力，并以"道问学"达成"尊德性"；陆九渊则以"尊德性"为根本，视"道问学"为枝末。

两种路数

朱熹强调成德是一个循序渐进的过程，要通过学习逐步地体认天理。

陆九渊认为成德只要直接发明本心即可，要"先立乎其大"。

宗旨之诗

德义风流夙所钦，别离三载更关心。
偶扶藜杖出寒谷，又枉篮舆度远岑。
旧学商量加邃密，新知培养转深沉。
却愁说到无言处，不信人间有古今。

墟墓兴哀宗庙钦，斯人千古不磨心。
涓流积至沧溟水，拳石崇成泰华岑。
易简工夫终久大，支离事业竟浮沉。
欲知自下升高处，真伪先须辨古今。

朱熹

陆九渊

真理是能学来的吗

王守仁谈"心即理"

始知圣人之道，吾性自足，向之求理于事物者，误也。

——《阳明先生集要·年谱》

📖 格竹而病

元代以后，由于程朱理学成为科举考试的核心内容，想要以科举步入仕途的学子都必然要研习二程与朱熹的著作。出身官宦之家，其父为科举状元的王守仁自然也不例外。在接受了朱熹格物致知的为学成德的思想后，王守仁对朱熹"一草一木，皆含至理"的观点深信不疑，他相信只要通过即物穷理的方式，一定可以逐步了解并体悟天理，并最终成为圣贤。

然而在将理论转化为实践的过程中，王守仁却遭受了很大的打击。在王守仁二十一岁时，他邀请好友与自己一同，以庭院中的竹子作为对象，希望通过格竹来体悟竹子中所蕴含的天理。其友格了三日，因精力不济而病倒；王守仁坚持了七天，最终也劳思成疾而未体悟出任何道理。这让王守仁认为自己并无成贤成圣的资质，同时他也对朱熹格物致知的理论产生了怀疑。

📖 龙场悟道

虽然并没有从竹子那里格出天理，但王守仁还是通过精研理学而考取进士。不过其后来仕途坎坷，三十五岁时因言获罪而被贬龙场，这成为王守仁一生当中最为重要的转折点。来到龙场后，王守仁每天默然端坐，思索圣人之道，最终在一天夜里，顿悟"圣人之道，吾性自足"的道理，这就是著名的"龙场悟道"。

王守仁在龙场所悟之道与其早年格竹一事形成了一种鲜明的对比。早年，他依照朱熹的思想，寻理于外物；龙场悟道后，他明白"向之求理于事物者，误也"，理不在外而在内，"心即理也"。王守仁在了悟"吾性自足"之后，便向其学生讲授了"心即理"的思想。其徒徐爱对老师的观点产生疑惑，认为"至善只求诸心，恐于天下事理有不能尽"，这是程朱理学的思想路数。针对该疑惑，王守仁回答说，事父以孝、事君以忠，但忠孝并不在父君处，"都只在此心"。

从格物到顿悟

按照朱熹的思路，万事万物皆含天理，人们只有通过即物穷理才能体认天理。这是一个量的累积过程，但天下事物无尽，这一量变如何能达到质变就成了一个难题。对此，王守仁认为理不应从物上找，只能在心中寻。

守仁格竹

王守仁以竹子作为格物对象

一草一木，皆含至理

↓

竹中有至理

↓

格竹七日

↓

未悟天理，反而病倒

心即理

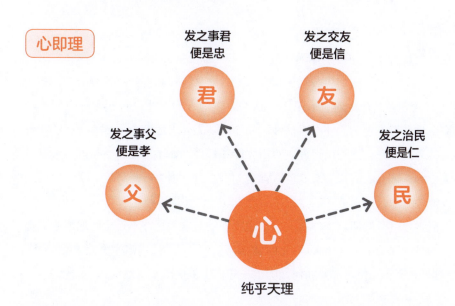

发之事君
便是忠

发之交友
便是信

发之事父
便是孝

发之治民
便是仁

君　友　父　民

心

纯乎天理

知道做不到，等于不知道
王守仁整合知与行

> 知者行之始，行者知之成。圣学只一个功夫，知性不可分作两事。
>
> ——《传习录》

知行本体

在王守仁所处的时代，受到程朱理学的影响，在知行问题上，人们大多认为知在行先，先有所知而后才有所行。然而知按照朱熹的功夫路数，人的认知乃是没有穷尽的，这就导致了相当一部分人知而不行的后果。为纠正这一问题与现象，王守仁提出了"知行合一"的思想。

王守仁认为，知与行并不是像人们一般理解的那样是彼此独立的，相反，知与行本来是不可分离的整体状态。王守仁说"未有知而不行者，知而不行只是未知"，意思是人如果真的明白了某一种道理，就绝对会去践行；如果未去践行，那说明这个人并没有真正地理解这种道理。从道德实践的角度看，德行之知与道德之行在现实与逻辑上必然是同时并存的，因此王守仁说："只说一个知已自有行在，只说一个行已自有知在。"

知行功夫

在王守仁看来，知行本体既然是合一的，那么在功夫层面也不可截然二分。功夫只是一个功夫，这个功夫就是知性合一；如果将知和行分作两种功夫，那么知行之间就会必然产生断裂。王守仁认为，以前人们之所以将知行分作两种功夫，完全是受程朱理学"外心以求理"的影响。心外求理这个观点本身就意味着心与理的分离——心要先认识理，然后才能践行理。如果了悟了心与理本来就是一体无别的，那么心的每一次发动就都是如理之行。因为心与理统一了，所以知与行也就合一了，因此王守仁才说"一念发动处，便即是行了"。

然而知与行既然还是一种功夫，就说明人的一念一行并不是全然地与心、理相合。对此，王守仁说"行而不能明觉精察，便是冥行""知而不能真切笃实，便是妄想"。那么知行功夫要如何做呢？王守仁于是提出了"致良知"的思想。

知与行

在王守仁看来，朱熹先知后行的功夫论思想不仅割裂了心与理的一体关系，更导致了后来人们知而不行的恶果。想要"正人心，息邪说"，就必须树立起心理一体、知行合一的理念。

圣学功夫

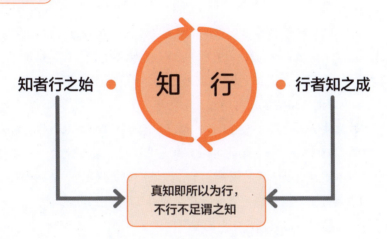

知者行之始 ● 知 行 ● 行者知之成

真知即所以为行，
不行不足谓之知

分裂与整合

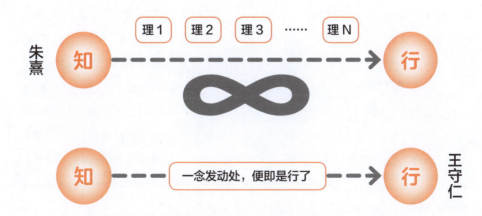

朱熹 知 理1 理2 理3 …… 理N 行

知 一念发动处，便即是行了 行 王守仁

如何让这个世界变得有价值、有意义

王守仁总结自己的心学思想

吾平生讲学，只是"致良知"三字。

——《王文成公全书·寄正宪男手墨二卷》

▣ 良知与天理

王守仁的心学思想以其晚年提出的"致良知"命题为最终完善成熟的标志，良知因此也就成了阳明心学的核心概念。王守仁对良知的定义完全继承了孟子的思想，他说"良知只是个是非之心""是非之心，不虑而知，不学而能，所谓良知也"，可见王守仁所谓的良知有这样几个特征：第一，良知的本质是一种认知判断；第二，这种认知判断具有先天性；第三，这种认知判断以道德判断为主。

综合来看，良知即一种先验的可以判断是非的道德觉知能力，王守仁认为它既是心体的本质，也是天理的根源。王守仁说："吾心之良知，即所谓天理也。致吾心良知之天理于事事物物，则事事物物皆得其理矣。"可见与将心、理分判为二物的朱熹以通过格物的方式在事物中发现天理不同，将心理统一的王守仁以致良知的方法使自我内在本来具足的天理得以在事物中显现。一个是以外补内，一个是以内显外，这个差别是心学不同于理学的一个关键所在。

▣ 四句教

王守仁晚年立下"四句教"作为自己心学思想之宗旨，这四句是："无善无恶心之体，有善有恶意之动。知善知恶是良知，为善去恶是格物。""四句教"是王守仁借用《大学》中心、意、知、物四个概念对其整个心学思想所做的概括总结。这四句话虽然读起来非常简洁明了，但在提出后却引来了王守仁两位重要弟子王畿和钱宽的辩论。王畿认为老师的四句教并不是究竟义，只是一种权宜说法，从根本处讲，心、意、知、物四者都是无善无恶的；钱宽则反对王畿的四无之说，认为王畿的观点会抹杀修养功夫的意义。对于王畿和钱宽的辩论，王守仁认为两者都是正确的，王畿的观点适合利根上人，钱宽的观点则更适合普通人；同时他强调二人的观点需要"相资为用，不可各执一边"。

天泉证道

　　王畿与钱宽关于王守仁"四句教"的辩论，以及二人就这一问题向王守仁请教这件事，后人称为"天泉证道"，它是阳明心学史上的一大公案。王畿所悟的四无之说虽然得到了王守仁的认可，但他同时也被告诫"不可执以接人"。

善恶二分

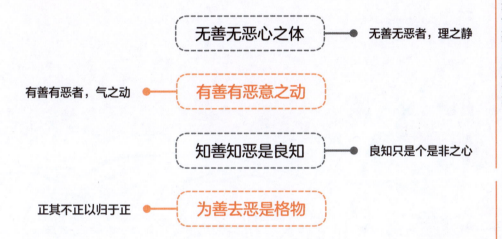

- 无善无恶心之体 —— 无善无恶者，理之静
- 有善有恶者，气之动 —— 有善有恶意之动
- 知善知恶是良知 —— 良知只是个是非之心
- 正其不正以归于正 —— 为善去恶是格物

两种根性

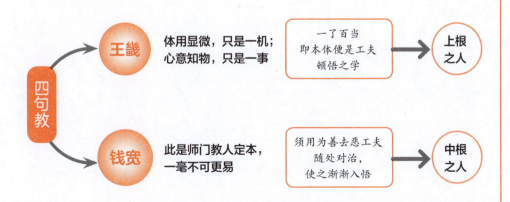

四句教

- 王畿：体用显微，只是一机；心意知物，只是一事 —— 一了百当 即本体便是工夫 顿悟之学 → 上根之人
- 钱宽：此是师门教人定本，一毫不可更易 —— 须用为善去恶工夫 随处对治，使之渐渐入悟 → 中根之人

第五部分

反思与批判：
明末清初至近代时期的哲学思想

第一章
对理学的反思

真理源自你的内心
黄宗羲的心学思想

> 盈天地皆心也，人与天地万物为一体，故穷天地万物之理，即在吾心之中。
>
> ——《黄梨洲文集·序类》

■ 理在气中

将理定为绝对的善，用气来解释善恶的对立分别，是宋代理学在处理善恶来源问题时所采用的基本方式，然而这种处理方式使理和气成了一种相对的二元存在，这种相对关系让理学家们在理与气谁先谁后的问题上争论不已。明末清初的黄宗羲从实体与非实体的角度对该问题给予了回应。他认为气是实体，理不是实体，因此不存在气与理的对立，"天地之间，只有气，更无理""所谓理者，以气自有条理，故立此名耳"。但这种以气统理的观点并不意味着黄宗羲是一位气一元论者，相反，他的哲学思想始终是与心学联系在一起的。在论述"盈天地皆气"的同时，他也提出"盈天地皆心"的命题，他认为"理不可见，见之于气；性不可见，见之于心""气之行处皆是心"，所以一切事物都是心的显现。

■ 功夫即本体

王守仁在世之时，王畿与钱宽关于"四句教"的辩论已经暗示了王门后学在本体与功夫关系方面的分裂。王畿一派主张"一悟本体，即是功夫"，其结果是放弃了一切道德约束；钱宽一派主张"由功夫以悟本体"，但又很难真正了悟本体。黄宗羲认为"心无本体，功夫所至，即其本体"，他将功夫理解为本体的发用，两者"同是一心，非有二物"，这便将功夫与本体统一于一心了。

对君权的批判

作为明王朝的遗民，黄宗羲虽然组织过反清复明的活动，但最终还是以失败告终，这让他退而总结明王朝败亡的经验教训，并著成了《明夷待访录》一书。该书系统地记载了黄宗羲对封建君主专制的批判和对未来社会的构想。

人各自私

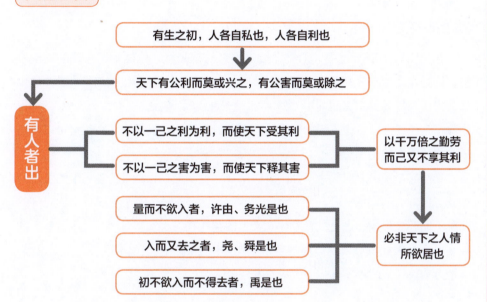

有生之初，人各自私也，人各自利也

天下有公利而莫或兴之，有公害而莫或除之

有人者出

不以一己之利为利，而使天下受其利

不以一己之害为害，而使天下释其害

以千万倍之勤劳而己又不享其利

量而不欲入者，许由、务光是也

入而又去之者，尧、舜是也

初不欲入而不得去者，禹是也

必非天下之人情所欲居也

黄宗羲认为人的本性都是自私自利的，所以为了天下百姓而劳苦自身的行为是与人性相违背的；而能做到这点的，必然是天下百姓的公仆。

主与客

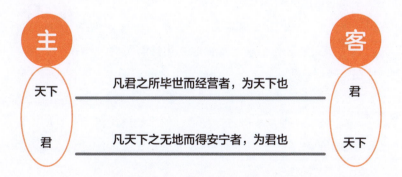

主

天下

君

凡君之所毕世而经营者，为天下也

凡天下之无地而得安宁者，为君也

客

君

天下

事物的变化究竟是循环的，还是发展的

王夫之对气论思想的发展

> 言太和絪缊为太虚，以有体无形为性，可以资广生大生而无所倚，道之本体也。
>
> ——《张子正蒙注·太和篇》

🔲 虚与实

在宋明理学诸子之中，王夫之最为推崇的是张载，他继承了张载的气论思想，同时在太虚与气的关系方面给出了自己的独到见解。和张载相同，王夫之也认为太虚与气的关系是相即不二的。"人之所见为太虚者，气也，非虚也"，宇宙中除了弥纶无涯、希微不形的气之外，再也没有其他任何事物。从这里可以看出王夫之的气本体论思想，王夫之将之称为"太虚一实"。

虚与实是王夫之对气之属性的具体阐释，也是他在张载气论基础上的发展与创新。王夫之称"虚空者，气之量""实者，气之充周"，意思是说虚与实是气的两种不同存在形式，虚是气在本体意义上的存在状态，实则是气在发用意义上的存在状态，因此也可以说虚与实就是气在体用上的显现。由虚而实，实而返虚，天地万物就在气的虚实变化中生成并发展。

🔲 日新之化

在张载那里，天地万物的生灭变化本质上是气的聚散离合，这一观点遭到了二程的批评，其理由是如果事物的变化仅是气之聚散的表现，那么这个世界就是循环的而非发展的。王夫之接受了二程对张载的批评，在构建自己的气论思想时，他便从发展的角度来阐述气的絪缊生化。王夫之和张载一样用"太和"描述事物的发展变化，但王夫之将太和定义为"广生大生"，这便有了发展的新意味。

王夫之认为"天地之德不易，而天地之化日新"，在气的广生大生过程中，天地万物总在不断地自我更新。很多事物看上去稳定而没有变化，但实际上变化无时无刻不在进行着。王夫之以水做比喻，称"江河之水，今犹古也，而非今水之即古水"，意思是说江河之水虽古今相似，但水始终是流动不止的，现在流动的水早已不是之前的水了。气的这种絪缊生化就是王夫之所说的"日新之化"。

日生则日成

在人性论方面，王夫之在批判前人的基础上，提出了自己新的观点。王夫之认为以前的理学家们在讨论人性时，总会悬置一个先天标准来约束人们的行为，而这其实是一种无端猜测，他认为对人性的讨论不能离开后天的环境而空谈。

理与欲

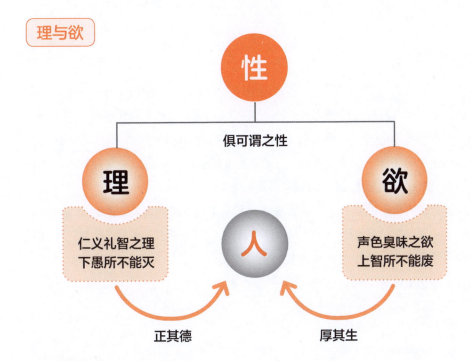

性

俱可谓之性

理　　人　　欲

仁义礼智之理
下愚所不能灭

声色臭味之欲
上智所不能废

正其德　　　　　厚其生

变化的人性

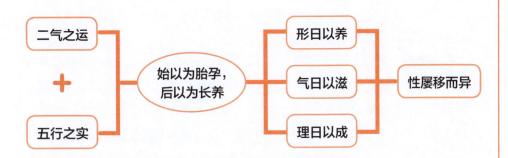

二气之运
＋
五行之实

始以为胎孕，
后以为长养

形日以养
气日以滋
理日以成

性屡移而异

不同于宋儒认为人性是先天决定的，王夫之认为人性会在后天的生活环境中发生变化。

不想当将军的教师不是好哲学家
颜元的实学思想

> 实学不明，言虽精，书虽备，于世何功，于道何补！
>
> ——《存学编·性理评》

📖 见理于事

在理与事的关系上，不论是程朱理学还是陆王心学，都强调理重于事；同时相较于事，理具有较强的独立性。然而宋明以来的历史现实则让颜元不得不怀疑前人对理事关系的看法。颜元认为，"见理已明而不能处事者多矣，有宋诸先生便谓还是见理不明，只教人明理"，这种离事而求理的做法，是将理从具体事物中抽离出来，这无异于"打诨猜拳""捉风听梦"。

颜元认为，程朱陆王重理不重事是对儒家正统思想的背离，因为他们都没有继承尧舜周孔的"三事、六府、六德、六行、六艺之道"，而真正的学问和功夫却都在这些事中，所以只有在这些事上"身实学之，身实习之"，才算是真正地践行了儒家圣道。

📖 效法三代

颜元对于程朱陆王的批评十分激烈，他问："今天下百里无一士，千里无一贤；朝无政事，野无善俗，生民沦丧，谁执其咎耶？"究其原因，颜元认为正是理学和心学"晦圣道误苍生至此"。为了匡世道正人心，颜元于是提倡要效法三代。要效法三代的哪些方面呢？颜元说："井田、封建、学校，皆斟酌复之，则无一民一物之不得其所，是之谓王道。"

具体来讲，颜元主张从经济、军事、教育三个方面来进行改革。在经济方面，颜元认为造成社会贫富差距悬殊的原因是分地不均，因此需要恢复井田制与均田制，以"顺彼富民之心"。在人们均享田地的前提下，实行兵农合一便是颜元在军事方面的主张，他认为这一主张可以在保证兵源充足的前提下，使农民不误农时，更可减少军事费用和百姓赋税。在教育方面，颜元批评科举八股之害"胜于焚坑"，应改科举为征举，即由基层公议推举人才，以此整顿学风和吏治。

道学所在

颜元强调"道不在诗书章句，学不在颖悟诵读"，像程朱陆王那样不切实际、空谈玄理，结果只能是误国误民。他倡导学人应该重拾孔门传统，"博文约礼，身实学之，身实习之"，以此为道而终身不懈。

三事三物

三事	三物		
	六德	六行	六艺
正德	知	孝	礼
	仁	友	乐
利用	圣	睦	射
	义	姻	御
厚生	忠	任	书
	和	恤	数

治世二十二字

富天下	强天下	安天下
垦荒、均田、兴水利	人皆兵、官皆将	举人才、正大经、兴礼乐

道德与情欲是绝对矛盾的吗

戴震对程朱理学的批判

> 就事物言，非事物之外别有理义也。有物必有则，以其则正其物，如是而已矣。
>
> ——《孟子字义疏证·理》

理存乎欲

自程朱理学提出"存天理，灭人欲"的口号之后，天理与人欲之间的关系就变得对立而紧张。这种观点虽然为善确立了一个至高的位置，然而正因为它高到完全与现实人性脱离，故而造成了人在道德实践上的困难，这一点引起了后人的批判。在王夫之提出理欲俱为人性之后，戴震也阐发了自己"理存乎欲"的观点。

在戴震看来，人的自然情感及欲望，诸如饥寒愁怨、饮食男女等，都是人性所固有的。他说"人生而后有欲、有情、有知，三者血气心知之自然也"，意思是说人有血气便会有情欲，有心知便能知晓道理。如果有一种理是要求人们必须放弃或抹杀自我的本性情欲，那么这种理无疑是反人性的。戴震认为人之情欲必然要得到满足，但这种满足并不是随心所欲，而是要遵循理的节制，所以戴震对天理的定义是"节其欲而不穷其欲"，一字之差就显现出戴震与程朱的立场差别。

道德之盛

人的情欲需要理来节制，如果人没有了情欲，理便失去了存在的意义，这就是戴震所说的"今以情之不爽失为理，是理者存乎欲者也"。在此基础上，戴震进一步认为，理不仅依存于欲，其价值和意义更需要在人的情欲中实现。戴震说天下种种事，不过是为了"使欲之得遂，情之得达"，道德的真义就是将这种遂欲达情推及至每个人，"道德之盛，使人之欲无不遂，人之情无不达，斯已矣"。

重视人之自然情欲的戴震严肃地批判了程朱理学以理杀人的思想。戴震看到理是在上之人的专享之物，对于在下之人，他们以理相责，即便有失公允，仍然是合理的；相反，如果在下之人以理相争，即便有理有据，也是大逆不道。"人死于法，犹有怜之者；死于理，其谁怜之！"戴震的观点在当时虽被判为异端，但这一感慨却在一百多年后批判"礼教吃人"的思想家那里获得了认同和共鸣。

遂欲达情

与程朱"存天理，灭人欲"的主张相反，戴震强调天理的价值与意义唯有在人欲的达成中才能显现。个人的情与欲得到了实现和满足，并将之推及每一个人，实现"体民之情，遂民之欲"，这便是"道德之盛"了。

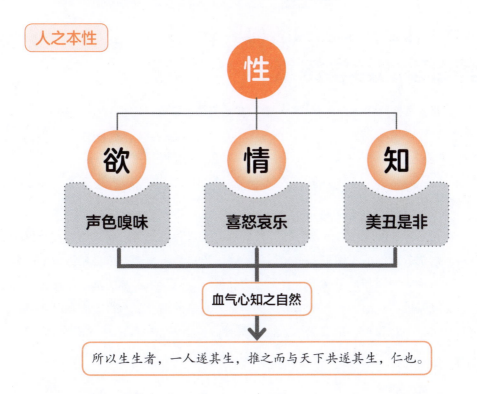

人之本性

性

欲 情 知

声色嗅味 喜怒哀乐 美丑是非

血气心知之自然

所以生生者，一人遂其生，推之而与天下共遂其生，仁也。

推己及人

| 小之能尽美丑之极致 | 唯人之知 | 遂己之欲者，广之能遂人之欲 | 道德之盛 |
| 大之能尽是非之极致 | | 达己之情者，广之能达人之情 | |

戴震为儒家传统的"己欲立而立人，己欲达而达人"做出了新的解释，他认为人之所应立达的正是人性本有的欲与情。

第二章
寻求新出路

人才为什么永远是最重要的
龚自珍的哲学探索

> 九州生气恃风雷，万马齐喑究可哀。我劝天公重抖擞，不拘一格降人才。
>
> ——《己亥杂诗·一二五》

■ 衰世出哲思

时至嘉庆、道光之时，清王朝已经开始由强盛转向衰落。鸦片泛滥，外敌入侵，内忧外患给清王朝带来了无尽的动荡，龚自珍正是这一历史转折的见证者。龚自珍自幼跟随外祖父段玉裁学习古文经学，深受段玉裁的器重，然而亲见社会动乱的龚自珍无心枯坐书斋，面对已入衰世的国家，龚自珍决定以著书立说的方式加以批判，以此警示人心；同时他也主张以"天地东西南北之学"救时局之疲敝。

■ 尊心之学

面对当时行尸走肉般的朝廷官吏，龚自珍认识到人才的质量对于国家的治乱兴衰具有决定性的作用，这一认识让龚自珍开始关注和思考人的内在精神世界。龚自珍首先回答了事物本原这个问题，他说"天地，人所造，众人自造，非圣人所造"，又言"众人之宰，非道非极，自名曰我"，这种"我"创造了日月山川和言语伦纪，可见龚自珍认为世间万象都是人主体精神的创造。在此论断基础上，龚自珍认为既然事物是人心的创造，那么人的知见水平就决定了事物的样态，所以逻辑上，想要改变外在事物，就必然要改变内在知见。龚自珍说："人心者，世俗之本也；世俗者，王运之本也。人心坏，则世俗亡；世俗坏，则王运中易。"要重兴王运就必须重振人心，这就是"士气申则朝廷益尊"的意思。

但开风气不为师

严格来讲，龚自珍并没有建立自己的哲学体系，其哲学思想也多有出入百家之迹。然而就其所处之时代而言，龚自珍的哲学思想是一种新的探索，这种探索最直接的现实目的就是使国家社会从衰颓的时局中得到挽救。

天地人所造

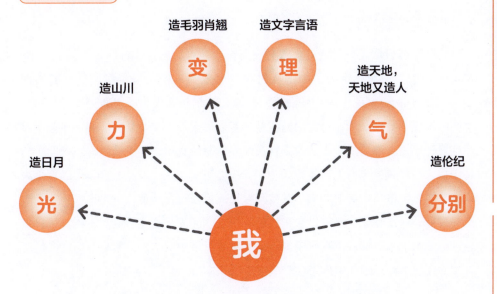

龚自珍极力强调"我"的创造地位，这体现出他对心的重视。他说："心尊，则其官尊矣；心尊，则其言尊矣。官尊言尊，其人亦尊矣。"

对官僚的批判

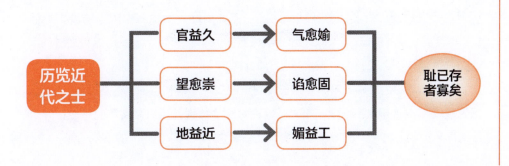

西方人有的，为什么中国人不能有

魏源的革新思想

因其所长而用之，即因其所长而制之。

——《海国图志·筹海篇三》

■ 以经学革时弊

魏源与龚自珍是同时代人。魏源小龚自珍两岁，但比龚自珍多活了十六年。在这十六年中，魏源亲历了中国从封建社会变为半殖民地半封建社会的剧烈变化。为了使国家免于灭亡的命运，魏源在其早年就提出了"通经致用"的经学救国思想。魏源认为，所谓治经就是学习治理天下大事的学问。魏源强调学习经典首先要树立事功之心，然后需直观经典的原始意蕴，不要受后人注疏的影响和干扰。在经典的选择上，魏源认为学人应多读《尚书·洪范》这类可以直接为现实提供治国策略指导的经典。在魏源看来，治经就是治道，就是谋求社会的改革与发展，这与乾隆、嘉庆以来在故纸堆中求学问的考据之学截然不同。尽管倡导"经术为治术"的魏源在早期也不得不从故纸堆中寻求理论指导，但他强烈的现实责任感却为近现代中国思想的演进指明了方向。

■ 师夷之长

中国在鸦片战争中的失败，在让世人认清中国落后事实的同时，也激发了魏源想要向国外学习先进科技的愿望。他批评当时的守旧派"皆徒知侈张中华，未睹寰瀛之大"，只知一味排洋，却没有看到外国强于中国种种先进的事物。对此，魏源在其《海国图志》中提出了"师夷长技以制夷"的主张。他分析外国长技，认为主要有战舰、火器、养兵练兵之法三点。因此，他主张中国也需设立造船厂、兵工厂，并要求改革军队建制，学习西洋的军队选兵、练兵、养兵之法，以达到"尽得西洋之长技为中国之长技"的目的。

值得注意的是，魏源对于外国长技的定位仅限于器物层面，他在政治、文化、思想领域则不敢越儒家圣学一步。可以说魏源"师夷长技以制夷"的思想在开启清末洋务运动的同时，也为官方提供了"中学为体，西学为用"的价值选择。

近代哲学思想的开端

鸦片战争后，中国开始步入半封建半殖民地社会，此后的一段时间也成为中华民族生死存亡的关键性历史时期。对此，魏源觉察到，想要救亡图存，向西方学习是唯一的选择。

奇技非淫巧

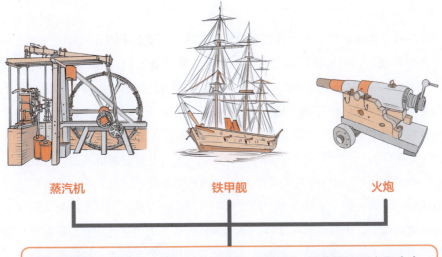

蒸汽机　　　　　　铁甲舰　　　　　　火炮

今西洋器械，借风力、水力、火力造化，通神明，无非竭耳目心思之力。

尽得西洋之长技

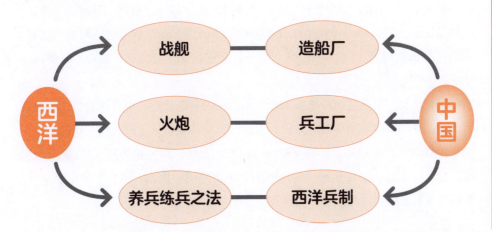

西洋 → 战舰 — 造船厂 ← 中国

西洋 → 火炮 — 兵工厂 ← 中国

西洋 → 养兵练兵之法 — 西洋兵制 ← 中国

近代中国都向西方学了些什么

严复对西学的引入与宣传

> 物竞者，物争自存也；天择者，存其宜种也。
>
> ——《原强》

📖 引入进化思想

作为最早系统介绍西方学术思想的代表人物，严复在中国近代哲学史上占有十分独特的地位。严复的哲学主张集中表现在其译著之中，而在其所有译著里面，《天演论》无疑是最重要的一本。作为清政府派出的第二批留学生之一，严复在英国留学时就已经接触了达尔文的进化论思想。虽然达尔文的进化论讲的是自然界生物的进化发展，但在严复看来，其理论意义已经远超一般性的科学著作。于是在回国后，严复便着手翻译了进化论的支持者赫胥黎所著的《天演论》。

《天演论》一经问世便在中国掀起了一场思想革命。严复认为《天演论》中所阐述的"物竞天择，适者生存"的观点不仅适用于自然界，对于社会人事也有极强的解释效力。中国自鸦片战争以来的种种失败，按照进化论来解释都可归结于中国因循守旧、停滞不前，不能适应进化的趋势而遭到强者的欺凌并最终陷入被淘汰的境地。想要在竞争中存活下来，中国就必须"自强保种"，谋求变革。

📖 宣传民主自由

严复所引入的西方思想不仅限于进化论，他还翻译了亚当·斯密的《原富》（《国富论》）、斯宾塞的《群学肄言》（《社会学研究》），以及孟德斯鸠的《法意》（《论法的精神》）等西方学术经典。这些译著中的民主自由思想成为严复宣扬变法维新的理论来源。

严复认为，中西之间科学技术与军事力量的差距只是一种外在表象，表象背后的核心则是中西政治体制的差异。对此，严复首先倡导天赋人权，宣扬人人生而平等自由；在此基础上，国家应该"以自由为体，以民主为用"，打破等级制度，使上下利益、思想相通。这样全国上下便能同心协力，所有个体尽展其才，共同推动社会的前进与发展。

物竞天择，适者生存

在引进并翻译西方学术经典的过程中，严复逐渐发现了中国与西方的差别所在。针对当时中国积贫积弱的社会现实，严复认为只有靠努力奋斗、变法维新，使中国之民力、民智、民德得以提升，中国才能得救。

中西之别

中国	西方
中之人好古而忽今	西之人力今以胜古
中国最重三纲	西人首明平等
中国亲亲	西人尚贤
中国以孝治天下	西人以公治天下
中国尊主	西人隆民
中国贵一道而同风	西人喜党居而州处
中国多忌讳	西人众讥评
中国重节流	西人重开源
中国追淳朴	西人求欢虞
中国美谦屈	西人务发舒
中国尚节文	西人乐简易
中国夸多识	西人尊新知
中国委天数	西人恃人力

强弱存亡之事

生民之大要

血气体力之强 — 民力
聪明智虑之强 — 民智
德行仁义之强 — 民德

只有快乐没有痛苦的世界是什么样子

康有为的大同思想

依人之道，苦乐而已。为人谋者，去苦以求乐而已，无他道矣。

——《大同书》

■ 入世界观众苦

康有为所处的时代是中国封建社会瓦解前最为黑暗的时期。朝廷官员的无能与腐败，让西方列强凭借坚船利炮在中国的土地上竞相开展殖民侵略。面对中华民族前所未有的生存危机，康有为反思了中国所经历种种苦难的成因，同时他还设计了一幅中国乃至全人类的未来图景。这些颇具理想主义色彩的改革思想，被记录在其《大同书》中。

《大同书》开篇第一部分的题目是"入世界观众苦"。康有为认为，社会的发展所依据的原则与标准是人去苦求乐的本性，"日益思为求乐免苦之计，是为进化"。在康有为看来，人世间的苦难一共有九种类型："一曰国界，分疆土、部落也；二曰级界，分贵贱清浊也；三曰种界，分黄白棕黑也；四曰形界，分男女也；五曰家界，私父子、夫妇、兄弟之亲也；六曰业界，私农、工、商之产也；七曰乱界，有不平、不通、不同、不公之法也；八曰类界，有人与鸟兽虫鱼之别也；九曰苦界，以苦生苦，传种无穷无尽，不可思议。"

■ 大同之道

在阐述完世间的九种苦之后，康有为在《大同书》的后九部分中，针对这九种苦分别给出了应对解决之策。康有为说："吾救苦之道，即在破除九界而已。"简单来讲就是去国界合大地，去级界平民族，去种界同人类，去形界保独立，去家界为天民，去产界公生业，去乱界治太平，去类界爱众生，去苦界至极乐。

康有为对现实苦难的观照及其对大同极乐的向往是相辅相成的。去苦求乐的思想作为逻辑脉络贯穿《大同书》始终，表达了康有为对至平、至公、至仁社会的热爱与追求。虽然《大同书》中所描写的理想社会带有非常明显的空想色彩，但在那个充满苦难的时代，这种空想仍吸引并激励着时人去争取更美好的未来。

去苦界至极乐

尽管从现实的角度来看，康有为在《大同书》中所描述的理想社会不论是在当时还是在未来都是不可能实现的，但他从全人类的角度来讨论如何去苦求乐却彰显出其对现实世界的批判和对理想社会的探索。

世间众苦

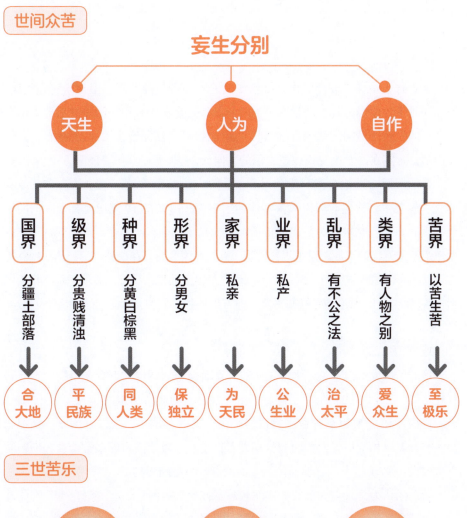

妄生分别

天生　人为　自作

国界	级界	种界	形界	家界	业界	乱界	类界	苦界
分疆土部落	分贵贱清浊	分黄白棕黑	分男女	私亲	私产	有不公之法	有人物之别	以苦生苦
↓	↓	↓	↓	↓	↓	↓	↓	↓
合大地	平民族	同人类	保独立	为天民	公生业	治太平	爱众生	至极乐

三世苦乐

据乱世 ＞ 升平世 ＞ 太平世

纯苦　　苦乐交织　　唯乐

如何在等级社会中实现平等

谭嗣同对封建名教思想的批判

嗟乎！以名为教，则其教已为实之宾，而决非实也。

——《仁学》

📖 以太与仁

和康有为一样，谭嗣同也是维新变法的支持者与推动者；但与康有为相比，谭嗣同对于封建纲常礼教的批判更为激烈。特别是在中日甲午战争之后，中国在战争中的失败让谭嗣同感到自己以前"所学皆虚""所愿皆虚"，故而他将目光转向西学，希望在西学中寻得改造中国的方向。

在学习西方近代自然科学的过程中，谭嗣同将以太这一概念纳入自己原有的哲学思想中，构建起以以太为本体的宇宙观。以太是 19 世纪流行于欧洲的一个物理学概念，它被认为是光的传播媒介，在宇宙中无所不在。谭嗣同认为，以太作为万事万物的本原，是世界具有统一性的原因，而其在事物中的具体显现就是仁。以太与仁是体与用的关系，也可以说仁是以太的根本属性。谭嗣同称，作为以太根本属性的仁，其表象是通与平等，即万事万物都是彼此关联而互相平等的。

📖 以平等斥名教

确立了以太、仁、通、平等之间的关系后，谭嗣同说此四者是事物的本质与真相，而与之相对的不仁、不同、不平等都是人为制造出来的、与实相悖的名。谭嗣同破斥道："君以名桎臣，官以名轭民；父以名压子，夫以名困妻；兄弟朋友各挟一名以相抗拒，而仁尚有少存焉者得乎？"对于儒家的纲常伦教，谭嗣同更批驳说："数千年来，三纲五伦之惨祸烈毒，由是酷焉矣。"

谭嗣同认为，人与人之间的实然状态是彼此平等的，而在五伦之中，唯朋友一伦最符合平等之义，所以谭嗣同主张以朋友之平等来改造其他四伦与三纲，即以平等的身份和态度来处理君臣、父子、夫妻、兄弟间的关系与事务。以此作为开端，最终要将平等贯彻到所有的人、事、物中，这样所有的人、事、物就能从虚假的名教中解脱出来，恢复自身的本然状态，也即最为真实的状态。

维新变法的斗士

中日甲午战争之后，《马关条约》的签订让中华民族陷入更深的危机中，对此义愤填膺的谭嗣同不禁慨叹"大化之所趋，风气之所溺，非守文因旧所能挽回者"，他认为只有维新变法，中国才能有未来。

名教之害

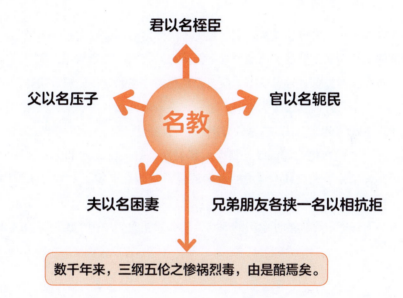

君以名桎臣

父以名压子　　　名教　　　官以名轭民

夫以名困妻　　兄弟朋友各挟一名以相抗拒

数千年来，三纲五伦之惨祸烈毒，由是酷焉矣。

为变法而流血

各国变法无不从流血而成，今日中国未闻有因变法而流血者，此国之所以不昌也。有之，请自嗣同始。

谭嗣同

社会变革的基础在哪里

梁启超的新民思想

> 苟有新民，何患无新制度，无新政府，无新国家？
>
> ——《新民说·论新民为今日中国第一急务》

📖 新的反思角度

戊戌变法的失败让维新志士们看到中国的落后局面已然不是靠政治、军事等方面的改革便能扭转的了。作为维新派核心人物之一的梁启超，在百日维新失败后，对变法的失败进行了反思。他意识到想要建立新制度、新政府、新国家，必须要有千千万万的新民作为基础。于是，梁启超开始从思想道德的层面思考并探索中国腐败的根源，以改造并提升国民素质，最终实现振兴中华的目标。

深入中国文化的深层结构，梁启超发现，自秦汉以来，受君主官吏压迫的中国人长期处于无权且不自由的奴隶地位，并因此产生了一种根深蒂固的奴隶性。这种奴隶性让中国人既无自治之力，也无独立之心，只知道安于现状而毫无社会责任感。想要改变中国的现状，就必须从改变中国人的精神面貌和内在意识入手。

📖 何谓新民

"新民"一词出于朱熹注本《大学》中的"大学之道，在明明德，在新民，在止于至善"一句。梁启超认为，要改变中国人的精神面貌与内在意识，就需要"淬厉其所本有而新之""采补其所本无而新之"，即在已有的优秀传统品格的基础上，注入适应时代需求的新内容。在梁启超看来，所谓的需要注入的新内容，就是近代以来西方倡导的国民意识与社会公德。

在如何培养新国民方面，梁启超认为要从如下几个方面着手：首先要让国民树立远大的理想和信念，同时培养提升其韧性与毅力；其次要让国民克服惰性，敢于冒险拼搏；第三要改变传统重文轻武的习气，弘扬尚武精神；第四要根除国民原有的奴性，培养国民独立自主的自由意识；最后要改造落后的道德观念，重建新的伦理价值观，改封建传统的私德为适应现代社会的公德。

革新在于国民

一系列革新运动的失败让梁启超看到，想要让中国从积贫积弱、被列强欺凌的现状中解脱出来，并走上富强文明之路，仅靠上层的政治体制改革是远远不够的。只有从根本处，即从改造国民性入手，中国才有改变的可能与希望。

致弱之因

	无爱国之心	
源于理想者	不知国家与天下之差别 不知国家与朝廷之界限 不知国家与国民之关系	
源于风俗者	奴性、愚昧、为我、好伪、怯懦、无动	
	四持术	**三民**
源于政术者	驯之之术 餂之之术 役之之术 监之之术	愚其民 柔其民 涣其民
源于近事者	其近因在两百年以来， 其最近因又在（叶赫）那拉执柄三十年之间	

所谓国民

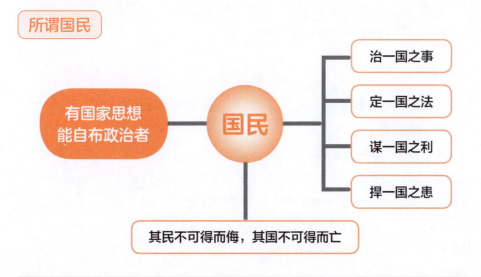

附 录

老子

生卒	约前 571—前 471	身份	先秦道家学派创始人
要点	道生万物，无为而治	著作	《道德经》

　　生于楚国苦县厉乡曲仁里。曾任周守藏室柱下史一职，其间曾接受孔子的拜访与问学。后因不忍目睹周朝衰落，同时也为避祸而西出函谷关，并在关令尹喜的邀请下，著成《道德经》一书。

孔子

生卒	前 551—前 479	身份	先秦儒家学派创始人
要点	克己复礼，为政以德	著作	修订《诗》《书》等古籍

　　生于鲁国陬邑。曾于鲁国贵族季孙氏处做文书、委吏和乘田等小吏。大约在三十岁时开始招收弟子，传道授业。五十一至五十五岁这段时间仕鲁定公，初为中都宰，后升至大司寇，但因鲁定公后期不问朝政而孔子又与鲁国其他贵族交恶，遂离开鲁国和弟子开始了长达十四年的周游列国之旅。近七十岁时回到鲁国，此后专心于教学和古籍整理，直至去世。

孙武

生卒	约前 545—前 470	身份	先秦兵家代表人物
要点	兵者诡道	著作	《孙子兵法》

　　生于齐国，后因内乱而来到吴国，一边务农一边创作兵法。因伍子胥举荐而得到吴王阖闾的赏识，并在吴宫教战中展现了自己的练兵才能。公元前 506 年，被拜为吴国将军的孙武在柏举之战中以三万吴兵大败二十万楚军，由此名震天下。阖闾死后，孙武继续辅佐阖闾之子夫差，并助其成就霸业。公元前 473 年，吴国被灭，孙武遂隐居乡间修订兵法直至终老。

曾子

生卒	前 505—前 435	**身份**	儒门宗圣
要点	忠恕	**著作**	《大学》《孝经》

　　生于鲁国。与其父曾晳同受学于孔子门下，并得孔子真传，以"忠恕"二字贯通孔子学问之道。孔子去世后，曾子遵孔子生前托孤，抚养并教导孔伋（子思）。在为孔子守墓三年之后，曾子开始设教讲学，直至公元前 435 年病逝，终年七十一岁。

孔伋

生卒	前 483—前 402	**身份**	儒门述圣
要点	性、命、教	**著作**	《中庸》《子思》

　　生于鲁国。依孔子之托，受学于曾子门下。其生平几乎不见于史料中，但孟子称自己受学于孔伋弟子或门下学者。因其儒学思想与孟子一脉相承，故后人将以孔伋与孟子为代表的儒学流派称为"思孟学派"。

墨子

生卒	约前 476—前 390	**身份**	先秦墨家学派创始人
要点	兼爱、非攻、尚同、尚贤	**著作**	《墨子》

　　生于宋国（另有鲁国说）。曾习儒术，但因不满周礼铺张烦琐，儒生不敬信鬼神而舍弃。后来墨子创立了自己的墨家学说，并广招门徒，设教讲学，同时协助弱小国家抵御强敌，并推荐门徒去各国为官从政，推行自己的政治主张。

商鞅

生卒	约前 395—前 338	**身份**	先秦法家代表人物
要点	变法	**著作**	《商君书》

　　生于卫国顿丘。年轻时即喜刑名法术之学，后侍奉魏国国相公叔痤，任中庶子，虽得到公叔痤的举荐，但未受魏王重用。其时秦孝公欲变法强国，商鞅遂离魏至秦，辅佐秦孝公变法。公元前 359 年，商鞅推动颁布《垦草令》以刺激农业生产。公元前 359 年，商鞅任左庶长，在秦国实行第一次变法。公元前 350 年，秦孝公迁都咸阳，并令商鞅进行第二次变法。公元前 338 年，秦孝公亡，秦惠王即位，因他人诬告，商鞅被判以车裂。

慎到

生卒	约前 390—前 315	**身份**	先秦法家代表人物
要点	贵势	**著作**	《慎子》

生于赵国邯郸。早年曾学习黄老道术，亦受到儒家学说的影响，后来因在齐国稷下学宫讲学而负盛名，受上大夫之禄。后离齐至楚，为楚襄王王傅，助其与齐国周旋，保住楚国五百里之地。

申不害

生卒	前 385—前 337	**身份**	先秦法家代表人物
要点	权术	**著作**	《申子》

生于郑国京邑。公元前 375 年，郑国为韩国所灭，申不害遂成为韩国人，并于后来担任韩国低等官吏。公元前 354 年，魏国出兵伐韩，申不害进言韩昭侯应示弱于魏惠王，以满足其骄狂之心，韩昭侯依言而行，果换得韩魏交好。次年，魏国伐赵，赵求援于韩、齐两国，韩昭侯对是否出兵犹豫不决，申不害谏言应援，遂有"围魏救赵"之典故。公元前 351 年，韩昭侯拜申不害为相，申不害为相期间内修政教，外应诸侯，十余年中无他国敢来侵犯。

孟子

生卒	前 372—前 289	**身份**	儒门亚圣
要点	性善、王道	**著作**	《孟子》

生于邹国。早年丧父，得益于孟母教导，后受学于孔伋门下弟子，得习儒学。在确立自己的儒学观点与政治思想后，孟子也效仿孔子开始周游列国，推行自己的政治主张。自四十五岁左右开始，孟子及其学生先后来到齐、宋、魏、鲁诸国，但其王道思想在当时并未被各国王公接受。孟子晚年回到故乡，专心著书育人，直至去世，终年八十四岁。

惠施

生卒	约前 390—前 317	**身份**	先秦名家代表人物
要点	合同异	**著作**	（佚）

生于宋国。其时秦国崛起，欲向东扩张，惠施来到魏国为相，主张魏、齐、楚三国合纵抗秦，以减轻魏国直面秦国的压力。魏文惠王在位时，惠施因政见与

张仪不和而遭到驱逐，遂来到楚国，后又回到宋国，并结识了庄子，二人成为至交好友。魏文惠王死后，张仪失宠，惠施才得以重新回到魏国。

庄子

| 生卒 | 前369—前286 | 身份 | 先秦道家代表人物 |
| 要点 | 逍遥、齐物、养生 | 著作 | 《庄子》 |

生于宋国蒙。除做过漆园吏外，庄子一生未再任过其他官职。据《庄子·秋水》记载，楚威王曾派人邀请庄周为楚国宰相，庄子以宁为泥中嬉戏的活乌龟，也不愿意为庙堂用以卜卦之龟壳为由，拒绝了楚威王的邀请。他一生淡泊名利，主张修身养性，清静无为，顺应自然，追求精神逍遥无待，并一直过着深居简出的隐居生活。

邹衍

| 生卒 | 约前324—前250 | 身份 | 先秦阴阳家代表人物 |
| 要点 | 阴阳五行、五德终始 | 著作 | 《邹子》（佚） |

生于齐国。齐宣王时，邹衍受学于稷下学宫。因为看到当时各国国君骄奢淫逸，不修德行，于是创立阴阳五行怪迂之说，以使王公大人惊惧其言，信而奉受，邹衍于是便成为稷下学宫的著名学者。齐湣王死后，邹衍离齐至燕，据传燕昭王为表示对邹衍的尊敬，亲自抱着扫帚为邹衍清路去尘，并对邹衍执弟子之礼。后来齐襄王重振齐国，思乡心切的邹衍因燕国新王的不信任而离燕归齐。

公孙龙

| 生卒 | 约前320—前250 | 身份 | 先秦名家代表人物 |
| 要点 | 离坚白、白马非马 | 著作 | 《公孙龙子》 |

生于赵国。公元前293年，赵文惠王封公子赵胜为平原君，因平原君喜好名家辩论之言，公孙龙遂至平原君处为门客。公元前284年，燕欲攻齐，公孙龙便来到燕国以循实则名之法劝燕昭王偃兵。次年赵秦结盟，不久后秦欲攻魏，而赵欲援魏，秦王遣使责备赵王违背盟约，公孙龙则反言在对魏方略上，是秦王不同于赵王，因而是秦王违背盟约。公元前257年，秦兵攻赵，平原君求得魏国支援而解赵国之危。赵王欲赐地于平原君，公孙龙以理相劝使平原君不受封赏，由此越发得到平原君的重视。

荀子

生卒 约前 313—前 238	**身份** 先秦儒家代表人物
要点 性恶、礼法	**著作** 《荀子》

　　生于赵国，十五岁来到齐国，受学于稷下学宫至三十岁左右。公元前 284 年，燕国联合秦、楚、赵、韩、魏等国攻打齐国，齐国国都沦陷，荀子由此客居楚国近十年。公元前 279 年，齐襄王收复失地，一年后荀子重新回到齐国。由于当时稷下学宫的名宿多已离世，荀子遂成为资历最深的学者，并三次被任命为学宫祭酒，负责主持典礼。后因人毁谤，荀子再一次离齐至楚，并被春申君任为兰陵令。公元前 238 年，春申君亡，荀子亦解任兰陵令，不久后便离世了。

韩非

生卒 约前 280—前 233	**身份** 先秦法家集大成者
要点 法治	**著作** 《韩非子》

　　生于韩国新郑。二十几岁时，韩非与李斯一同于荀子门下学习帝王之术。韩桓惠王在位期间，韩非曾多次上书请求变法强国，但其谏言皆不为所用。他在这一时期所著之《孤愤》《五蠹》等文章后来传到秦国，为秦王嬴政所叹服，甚至说若能与文章作者相交，便死而无憾。李斯适时于秦国为相，他告知秦王韩非正是文章作者，于是秦王便以战争相胁，逼迫韩国遣韩非使秦。主张存韩灭赵的韩非与主张灭六国的李斯意见相左，李斯遂进言嬴政，称韩非是为韩国之利而来。韩非因此入狱，最后被毒死于狱中。

董仲舒

生卒 前 179—前 104	**身份** 西汉哲学家、政治家
要点 天人感应	**著作** 《春秋繁露》

　　生于今河北省衡水市景县。董仲舒早年读书十分用功，有"三年不窥园"之典故。因深研《公羊春秋》，遂于汉景帝时任公羊博士，后又任江都易王刘非国相与胶西王刘端国相。公元前 134 年，汉武帝下诏征求治国方略，董仲舒以"天人三策"回答了汉武帝的策问。在此三策中，董仲舒论述了天人感应、君权天授，并提出了"罢黜百家，独尊儒术"的思想大一统主张。这一主张因合于汉武帝心意而被采纳，儒学由此成为中国古代各王朝的官方哲学思想。

扬雄

生卒 前53—18

要点 玄，性混善恶

身份 西汉哲学家、文学家

著作 《太玄》《法言》

　　生于今四川省成都市郫都区。扬雄少时沉静好学，虽口吃，但有善作辞赋之名。后为大司马王音召为门下史，又经推荐得以侍奉汉成帝，其名篇《甘泉赋》《羽猎赋》等文章便是作于此时。然而扬雄以为辞赋文章终为雕虫篆刻，于是仿《易》而作《太玄》，仿《论语》而作《法言》。王莽当政期间，扬雄因奏献符瑞之事而受牵连，投阁险死，免罪后称病去职，复被召为大夫。因知扬雄喜酒，时人便常备酒菜拜访，饮酒之余就向扬雄请教学问之道。

桓谭

生卒 前40年—32年

要点 神灭论

身份 东汉哲学家

著作 《新论》

　　生于今安徽省淮北市濉溪县。桓谭爱好音律，遍习五经，王莽当政时任掌乐大夫；光武帝时，任议郎给事中。因曾进谏皇帝不应以谶纬来决断事情，被光武帝目为"非圣无法"，险遭处斩。后死罪得免，被贬为六安郡丞，卒于赴任途中。

王充

生卒 27—97

要点 气本原论

身份 东汉哲学家

著作 《论衡》

　　生于今浙江省绍兴市上虞区。王充年少时接受过正统的儒学教育，后来到洛阳入太学继续深造。在太学学习这段时间，王充结识了班固、贾逵等人，同时广诵百家之言，兼通诸子之学。学成后，王充始入仕途。他曾做过县功曹掾等职，但可能与长官不合而屡遭辞退。因官场不遇，王充退而勤于著述，抒写怀抱。晚年任扬州治中之职，后来可能因为老病而"自免还家"。

何晏

| 生卒 | 约195—249 | 身份 | 魏晋玄学代表人物 |
| 要点 | 贵无 | 著作 | 《论语集解》 |

生于今河南省南阳市，为东汉末年大将军何进之孙，曹操之婿养子。何晏自小生活在魏宫之中，因天资聪颖且勤奋好学，很快便以才学闻名于世。但其为人虚浮放荡，为魏文帝所忌，及魏明帝时亦未受重用。239年，魏明帝去世，太子曹芳即位，曹爽与司马懿辅政，何晏因与曹爽交好而被授任散骑侍郎，后升吏部尚书、侍中。249年，司马懿发起高平陵之变，曹爽、何晏被杀。

阮籍

| 生卒 | 210—263 | 身份 | 魏晋玄学代表人物 |
| 要点 | 竹林玄学 | 著作 | 《达庄论》《大人先生传》 |

生于今河南省开封市。阮籍年少时文武兼修，好学儒学典籍，有济世经邦之志。249年，曹爽被杀，司马氏独揽朝政，阮籍虽对司马氏篡权之举十分不满，但因看到其残酷诛杀异己，遂退而选择明哲保身，不涉是非。如遇他人咨询时事，阮籍便发言玄远，绝不臧否时人；甚至为避免与司马氏联姻，阮籍竟以大醉六十天的方式使该事不了了之。263年，司马昭"受禅"，请阮籍写《劝进表》，阮籍在写完后不到两个月便去世了。

嵇康

| 生卒 | 223—262 | 身份 | 魏晋玄学代表人物 |
| 要点 | 越名教，任自然 | 著作 | 《释私论》《养生论》 |

生于今安徽省淮北市濉溪县。嵇康幼年丧父，因母兄过于溺爱，其性情遂疏懒放荡，但却能博览群书，犹好老庄之学。成年后，嵇康迎娶曹操曾孙女长乐亭主为妻，并获拜郎中，后任中散大夫。司马昭掌权后，欲请嵇康入朝为官以收拢人心，但嵇康拒不出仕，引得司马昭忌恨。后因嵇康为朋友吕安申冤而被司马昭抓住把柄，司马昭便欲借机处死嵇康。行刑当日，三千太学士集体请愿赦免嵇康，但司马昭不为所动。临刑前，嵇康索琴奏《广陵散》，曲毕而叹"广陵散于今绝矣"，随后从容就戮。

王弼

生卒	226—249
身份	魏晋玄学代表人物
要点	因有明无、圣人有情
著作	《道德经注》《周易注》《论语释疑》

生于今山东省菏泽市巨野县。王弼于年幼时便非常聪明，他好老子之言，十余岁时便以口才出众；未及弱冠，已为当时官员文人赏识。曹爽在位期间，身为吏部尚书的何晏欲推举王弼为黄门侍郎，但曹爽却起用了与何晏争衡的丁谧所举荐的王黎，任王弼为补任台郎。王弼通达，并不经营名声。王黎病死后，曹爽以王沈代王黎，王弼于是不得在其门下。249 年，曹爽被杀，王弼亦被免官。同年秋天，王弼因疠疾而亡，年仅二十四岁。

郭象

生卒	252—312
身份	魏晋玄学代表人物
要点	独化、逍遥
著作	《庄子注》

生于今河南省洛阳市。郭象少有才理，喜好老庄之言，亦能清辩玄谈。早年州郡欲召其为官，郭象不受，闲居时以文章自娱。后来出仕为官，先为司徒掾，后历黄门侍郎、太傅主簿等职。其早年闲居不仕与后来身居高位的反差引来当时之人的非议，称其"任职当权，熏灼内外"。

215

裴頠

生卒	276—300
身份	魏晋玄学代表人物
要点	崇有
著作	《崇有论》

生于今山西省运城市闻喜县。裴頠年少时便以博古通今而知名，曹魏时期为司马昭僚属，晋朝立国后任散骑常侍，晋惠帝时为国子祭酒，兼右军将军。作为贾后的亲戚，裴頠虽屡升高位，但无人认为他是依仗关系而得官，他也特别提醒晋惠帝不可使外戚掌权以乱朝纲。300 年，赵王司马伦密谋篡位，欲除去朝中有名望的大臣，裴頠因此被杀。

道安

生卒	312—385	**身份**	东晋时期佛教高僧
要点	本无宗	**著作**	《综理众经目录》（佚）

俗姓卫，生于今河北省衡水市冀州区。道安本为儒学世家之后，但因父母早亡，由表兄孔氏抚养长大。他七岁读书，十二岁出家，受戒后开始四处游学。335 年，道安至邺都师事西域高僧佛图澄，得其器重。佛图澄圆寂后，道安及其徒众一直辗转活动于河北、山西一带，一边禅修，一边讲学。378 年，前秦苻丕攻克襄阳，次年道安移居长安。385 年，道安圆寂，终年七十四岁。

慧远

生卒	334—416	**身份**	净土宗初祖
要点	三世因果、净土宗	**著作**	《三报论》《沙门不敬王者论》

俗姓贾，生于今山西省原平市大芳乡茹岳村。慧远少通儒家五经与道家老庄之学，十三岁时随舅父令狐氏游学。354 年欲南下访儒生范宣受阻，遂改道往谒道安，为其学识修养折服，便于其门下出家，后随道安四处辗转。378 年前秦苻丕攻克襄阳后，慧远奉师命到江南弘教，后驻锡庐山东林寺讲法。416 年，慧远于东林寺圆寂，终年八十三岁。

道生

生卒	355—434	**身份**	涅槃圣
要点	一阐提人亦有佛性，顿悟成佛	**著作**	《法华经疏》

俗姓魏，生于今河北省邢台市平乡县。道生八岁依竺法汰出家，改姓竺，从此专心道业，至二十岁受具足戒，并于庐山隐居七年。404 年，道安至长安求学于鸠摩罗什，并辅佐其译出《大品般若经》《小品般若经》。418 年，六卷本《泥洹经》译出，道生因认为该经义理并非究竟，似为残本，遂受到旧学僧党的攻击。四十卷本《大般涅槃经》译出后，道生"一阐提人亦有佛性"的观点得到明证，被时人尊为"涅槃圣"。此后道生在庐山讲授《涅槃经》直至去世，终年八十岁。

僧肇

生卒	384—414	**身份**	秦地解空第一
要点	中观学	**著作**	《不真空论》《般若无知论》

俗姓张，生于今陕西省西安市。僧肇年少家贫，以抄书维持生计，借由抄书之便学习了很多经典。在诸子之中，僧肇犹好老庄，但他认为老庄之学虽然玄妙，但在"栖神冥累"方面犹未尽善。后来因读旧译《维摩经》，始知自己志向所在，因此出家。鸠摩罗什来华后，僧肇投其门下，辅助鸠摩罗什翻译经论。在中观般若之学方面，僧肇尽得罗什真传。

智𫖮

生卒	538—597	**身份**	天台宗创立者
要点	天台宗，一念三千，一心三观	**著作**	《法华玄义》《摩诃止观》

俗姓陈，生于今湖北省荆州市公安县。智𫖮十八岁时因战乱出家为僧，二十三岁时拜高僧慧思为师，受学《法华经》。567 年，智𫖮奉师命至金陵瓦官寺弘法，主讲《法华经》与《大智度论》。后因俗事纷扰，智𫖮来到天台山隐修十一年，又因战乱移居庐山。直到 591 年应杨广之请，智𫖮来到扬州为其授菩萨戒，并得"智者"称号。596 年，智𫖮重回天台山，次年病逝，终年六十岁。

玄奘

生卒	602—664	**身份**	唯识宗创立者
要点	唯识宗，瑜伽行派	**著作**	《成唯识论》

俗姓陈，生于今河南省偃师市。玄奘幼年时随父亲学习儒家经典，因父早亡，十几岁时入寺随兄长捷法师研习佛典。出家后，玄奘参学各家，很快便穷尽各家学说，但困于各家说法互有矛盾，遂发心前往印度求法。628 年，玄奘开始西行求法。到达印度后，他来到那烂陀寺跟随戒贤法师学习《瑜伽师地论》与其他经论，后又广参名家，学成后于曲女城无遮法会上立真唯识量论旨，十八日中无人能驳，遂名震全印度。643 年，玄奘携大量经卷回国，受到唐太宗礼遇，并开始译经事业。玄奘一生所译经论，合七十五部，一千三百三十五卷，为中土所有译师之最。

惠能

生卒 638—713

身份 禅宗六祖

要点 禅宗，顿悟

著作 《坛经》（门人所录）

俗姓卢，生于今广东省云浮市新兴县。其父早亡，家境贫穷而以卖柴为生，不识一字。后因听闻他人诵经而有所悟，经人指点来到黄梅山东禅寺拜谒五祖弘忍，并在心偈境界方面胜过上座神秀，得受五祖衣钵，依弘忍嘱托南下伺机弘法。676 年，惠能因在法性寺立"仁者心动"之论而被人所识。次年入大梵寺宣讲法义。后来到曹溪宝林寺，并在此弘扬禅宗顿教长达三十七年之久。713 年，惠能圆寂，终年七十六岁，唐宪宗赐谥"大鉴禅师"。

法藏

生卒 643—712

身份 华严宗创立者

要点 华严宗，法界缘起

著作 《华严经探玄记》

俗姓康，生于今陕西省西安市。十七岁时入太行山，于云华寺受学于智俨门下，听讲《华严经》并得其真传。670 年，武则天施宅为太原寺，度僧以树福田，法藏由此正式出家受戒，并得武则天赐"贤首"之名。695 年，法藏与沙门实叉难陀在洛阳大遍空寺重译《华严经》，历时四年告成，后奉诏在洛阳佛授记寺宣讲。705 年，武则天去世，法藏亦从洛阳回到长安，直至 712 年圆寂，终年七十岁。

周敦颐

生卒 1017—1073

身份 宋代理学开山祖

要点 无极，孔颜乐处

著作 《太极图说》《通书》

生于今湖南省永州市道县。十五岁时因父亲去世，周敦颐跟随母亲投靠舅舅龙图阁学士郑向。1036 年，因舅舅缘故，周敦颐得到朝廷恩荫，任将作监主簿。1046 年，周敦颐任郴州县令，在公务之余兴教讲学。其间得识大理寺丞程珦，二人结为好友，程珦后将两个儿子程颢、程颐送于周敦颐门下受学。后又历大理寺丞、国子监博士等职。1072 年，周敦颐因染瘴疠而辞官归隐，定居于庐山莲花峰下，建立濂溪书堂。次年病逝，终年五十七岁。1220 年，宋宁宗赐谥"元"；1241 年，宋理宗下诏，从祀孔庙。

张载

生卒 1020—1077 　　**身份** 宋代理学代表人物

要点 太虚即气，民胞物与 　　**著作** 《正蒙》

生于今陕西省宝鸡市眉县横渠镇。张载少时聪明，性格早熟，二十岁左右得见范仲淹，并受其指点而专攻儒学。其后十余年出入三教，逐渐形成自己的思想体系。1057 年，张载进京赶考，与苏轼兄弟同登进士。1069 年，张载任崇文院校书，时值王安石推行变法，因其弟与王安石立场相对，张载认为自己会受牵连，遂辞官还乡。后又被召回任职于太常礼院，因与有司议礼不合，复以疾辞，于 1077 年亡于归乡途中，终年五十八岁。1220 年，宋宁宗赐谥"明"；1241 年，宋理宗追封其为郿伯，从祀孔庙。

程颢

生卒 1032—1085 　　**身份** 理学奠基人

要点 天理，洛学 　　**著作** 《定性书》《识仁篇》

生于今河南省洛阳市伊川县。程颢自幼资性过人，修养有道，深受家学熏陶。1057 年，程颢考取进士，后历仁鄠县主簿、上元县主簿、泽州晋城令、太子中允、监察御史、监汝州酒税、镇宁军节度判官、宗宁寺丞等职。受父亲影响，程颢亦与王安石政见不和，遂退而著书讲学，与其弟程颐共创洛学，为理学奠定基础。宋哲宗即位后，于 1085 年召程颢为宗正丞，程颢未行而卒，终年五十四岁。1220 年，宋宁宗赐谥"纯"；1241 年，宋理宗追封其为河南伯，从祀孔庙。

程颐

生卒 1033—1107 　　**身份** 理学奠基人

要点 天理，洛学 　　**著作** 《伊川易传》

生于今河南省洛阳市伊川县。程颐幼承家学熏陶，二十四岁时受学于京师太学。1059 年，程颐廷试落第，后不复试。1072 年，偕兄于嵩阳讲学。1078 年，知扶沟县，"设庠序，聚邑人子以教之"。1085 年，宋哲宗召其为西京国子监教授，程颐未受；次年应召入京为崇政殿说书，后因朝臣指责其妄议时政，遂辞官回乡，于 1107 年去世，终年七十五岁。1220 年，宋宁宗赐谥"正"；1241 年，宋理宗追封其为伊川伯，从祀孔庙。

朱熹

生卒	1130—1200	身份	理学集大成者
要点	理一分殊，主敬格物	著作	《四书章句集注》

　　生于今福建省三明市尤溪县。朱熹五岁入小学，十八岁举建州乡贡，十九岁登进士。1151年，朱熹出任泉州同安县主簿，于赴任途中得遇二程再传弟子李侗。1157年，朱熹任满，次年即拜李侗为师，学习二程洛学正统，学成后便开始其著书教学生涯。他著作甚多，其辑定的《论语》《孟子》《大学》《中庸》"四书"作为教本，成为后代科举应试的科目。1200年，朱熹病逝于建阳考亭之沧州精舍。1209年，宋宁宗赐谥"文"，累赠太师，追封信国公，后改徽国公，从祀孔庙。

陆九渊

生卒	1139—1193	身份	宋代心学代表人物
要点	发明本心	著作	《象山先生全集》（后人辑录）

　　生于今江西省抚州市金溪县。陆九渊极为早慧，三四岁时便向父亲提出"天地何所之"的疑问，并久思以致废寝忘食。1172年，陆九渊考中进士，任隆兴建安县主簿。1186年，他被差管台州崇道观，因这只是个管理道观的闲职，于是他便回到江西故里讲学。宋光宗即位后，陆九渊又被任命为荆门知军。在此期间他治绩显著，"厚风俗""申严保伍之法，盗贼或发，擒之不逸一人"。然而仅一年有余，陆九渊就卒于荆门任上。1217年，宋宁宗赐谥"文安"；1530年，明世宗下诏，从祀孔庙。

王守仁

生卒	1472—1529	身份	明代心学代表人物
要点	知行合一，致良知	著作	《传习录》

　　生于今浙江省余姚市。王守仁十二岁入私塾，二十岁参加乡试，得中举人，二十八岁时考中进士，后任刑部主事、兵部主事等职。1506年，因得罪擅政宦官刘瑾，王守仁被贬龙场，为驿栈驿丞。在龙场期间，王守仁悟到"圣人之道，吾性自足"的道理，史称"龙场悟道"。谪戍期满后，王守仁回京任职。1516年，王守仁被任命为都察院左佥都御史，巡抚南中地区，荡平贼寇。1519年，宁王朱宸濠发动叛乱，亦为王守仁所平。1525年，王守仁于绍兴创建阳明书院，三

年后又平定思恩、田州之乱。1529 年，王守仁因病离世。1567 年，明穆宗赐谥"文成"；1584 年，明神宗下诏，从祀孔庙。

黄宗羲

生卒	1610—1695	**身份**	明末清初哲学家、史学家
要点	盈天地皆心	**著作**	《宋元学案》《明儒学案》

生于今浙江省余姚市。1628 年，在父亲党争冤案得到平反后，黄宗羲上书请诛阉党余孽许显纯、崔应元，并在出庭时锥刺许显纯、痛击崔应元，人称"姚江黄孝子"，明思宗叹称其为"忠臣孤子"。归乡后发奋读书，但科举未中。后清军南下，黄宗羲积极组织抗清运动，然力有不及。约自 1653 年起，黄宗羲退而著书讲学，尽管康熙帝多次征召，但黄宗羲拒不仕清。1695 年，黄宗羲病逝，终年八十六岁。

王夫之

生卒	1619—1692	**身份**	明末清初哲学家
要点	太虚即气	**著作**	《思问录》

生于今湖南省衡阳市。王夫之早年随父兄学习儒学经典，后求学于岳麓书院，1642 年中乡试。清军南下后，王夫之力主联合农民军共同抗清，并入永历帝廷为官，后因党争而被削职远戍。1654 年，王夫之被清廷通缉，变姓名为瑶人，开始授徒著书。1678 年，吴三桂请王夫之写《劝进表》，遭严词拒绝。1692 年病逝，终年七十四岁。

颜元

生卒	1635—1704	**身份**	明末清初哲学家
要点	实学	**著作**	《存学编》

生于今河北省保定市博野县。颜元八岁读书开蒙，十九岁时中秀才，以二程朱子之学为至道，心受身行。后养祖母去世时，颜元恪守朱子所立家礼，因饥致病，几近死地，由此开始反思理学不足之处，并逐渐形成自己实学的思想体系。大约在五十岁后，颜元开始游历南北，结交名士，宣扬自家学说。晚年回乡后不久便病故，终年七十岁。

戴震

生卒	1724—1777	身份	清代哲学家、经学家
要点	遂欲达情	著作	《孟子字义疏证》

生于今安徽省黄山市屯溪区。戴震自幼聪敏，过目成诵，《十三经注疏》尽能背诵。十八岁后又受学于程询、江永等名家，除精研经学外，又旁通算术、天文、地理等自然科学知识。然而戴震科举不顺，至四十岁时方中举人。1773 年，戴震因纪昀推荐而为《四库全书》纂修官。1775 年，为乾隆帝特许，经殿试，赐同进士出身，授翰林院庶吉士，两年后未及散馆授官而病卒，终年五十五岁。

龚自珍

生卒	1792—1841	身份	清代思想家、文学家
要点	尊心	著作	《定庵文集》

生于今浙江省杭州市。龚自珍生于书香门第，家学深厚，八岁学《大学》，十二岁时跟随外祖父段玉裁学习《说文解字》。然而其科举之路不甚顺利，直到1818 年第四次参加乡试时，才因嘉庆帝六旬万寿恩科而中试举人。1829 年，中进士，为内阁中书。1835 年，迁宗人府主事，改为礼部主事祠祭司行走。由于龚自珍屡揭时弊，触动时忌，遭到权贵的排挤和打击，1839 年，龚自珍辞官还乡。1841 年，龚自珍暴卒于江苏丹阳云阳书院，终年五十岁。

魏源

生卒	1794—1857	身份	清代思想家
要点	师夷长技以制夷	著作	《海国图志》

生于今湖南省邵阳市隆回县。魏源七岁从塾师读经学史，用功至深。十七岁中秀才，二十九岁中举人。1832 年，魏源来到南京，结识其时任江苏巡抚的林则徐。1844 年，魏源中进士，任东台、兴化知县，在任期间编成《海国图志》五十卷。晚年魏源潜心学佛，1857 年卒于杭州东园僧舍，终年六十三岁。

严复

生卒	1854—1921	**身份**	近代启蒙思想家、翻译家
要点	进化论	**著作**	《天演论》（译著）

　　生于今福建省福州市仓山区盖山镇阳岐村。十四岁入福州船政学堂学习，二十四岁赴英国学习海军事务，学成回国后于北洋水师学堂任洋文教师。中日甲午战争后主张变法维新、武装抗击外来侵略，此间译出《天演论》等西欧学术经典。1905 年，严复来到上海协助马相伯创办复旦公学，并于次年任复旦公学第二任校长。1912 年，京师大学堂更名为北京大学校，严复任首任校长。1921 年严复病逝，终年六十八岁。

康有为

生卒	1858—1927	**身份**	近代启蒙思想家
要点	去苦求乐	**著作**	《大同书》

　　生于今广东省佛山市南海区。二十五岁参加乡试，未中；三十八岁到北京参加会试，得知《马关条约》签订，带头发起"公车上书"。1897 年，德国占领胶州湾，康有为再次上书请求变法，次年被光绪帝任命为总理衙门章京，筹备变法事宜，史称"戊戌变法"。变法实施三个月后，慈禧太后重新训政，变法失败，康有为遂逃亡国外，并宣传保皇思想。辛亥革命后，康有为于 1913 年回国，宣扬尊孔复辟。1927 年，康有为为避北伐战乱来到青岛，不日猝死，终年七十岁。

谭嗣同

生卒	1865—1898	**身份**	近代启蒙思想家
要点	仁学	**著作**	《仁学》

　　生于今北京市。谭嗣同少年时即好经世济民之学，既学传统经典，也涉猎自然科学。1884 年，谭嗣同离家外出游历，走遍大江南北，观察风土，结交名士。《马关条约》签订后，谭嗣同在家乡提倡新学并呼吁变法。1896 年，谭嗣同入京，结交梁启超等人。1898 年，光绪下诏授谭嗣同四品卿衔军机章京，参与变法。百日维新失败后，谭嗣同在北京宣武门外的菜市口刑场就义，终年三十四岁。

梁启超

| 生卒 | 1873—1929 | 身份 | 近代启蒙思想家 |
| 要点 | 新民 | 著作 | 《新民说》 |

　　生于今广东省新会市。十六岁参加乡试，中举人；十八岁入京参加会试，不中落第。后经人引见拜康有为为师，参与其维新变法事务。1898 年变法失败后，梁启超逃往日本，结识孙中山，并办报宣扬改良思想。袁世凯上台后，梁启超起先支持袁世凯，后因袁世凯称帝而与蔡锷策划武力反袁，引发护国运动。1917年，段祺瑞掌握北洋政府大权，后孙中山发动护法运动，段祺瑞被迫下台，梁启超也从此退出政坛。1918 年年底，梁启超赴欧游历考察。回国之后，梁启超便将主要精力用于学术研究与文化教育方面。1929 年，梁启超在北京病逝，终年五十六岁。